Volker David Lambertz

FORUM FREIER CHRISTEN

forum kultus

Initiative für ein
freies,
anthroposophisch + sakramental vertieftes
Christ-Sein heute

KURZINFO

ARBEITSMATERIAL ZUR KULTUS-FRAGE

2017

WEGE ZUR FREIHEIT DES CHRISTENMENSCHEN

Dass es kein anderes Wort Gottes gibt als das,
was allen Christen zu verkündigen
aufgetragen ist;

dass es keine andere Taufe gibt als die,
die jedweder Christ vollziehen kann;

dass es kein anderes Gedächtnis
des Herrenmahls gibt als das,
bei dem jedweder Christ tun kann,
was Christus zu tun befohlen hat;

dass es keine andere Sünde gibt als die,
die jedweder Christ lösen kann;

dass es kein anderes Opfer gibt,
als den Leib eines jedweden Christen;

dass niemand vorbeten kann,
allein der Christ für sich selbst;

dass niemand über die Lehre urteilen darf,
außer allein der Christ selbst.

Alle Christen
sind wahrhaftig geistlichen Stands,
und ist unter ihnen kein Unterschied,
denn des Amts halben allein. ...
Was aus der Taufe krochen ist,
das mag sich rühmen, dass es schon
Priester, Bischof und Papst geweihet sei,
obwohl es nicht jedem ziemt,
dieses Amt auch auszuüben.

Martin Luther (Übersetzung - VDL)

VOLKER DAVID LAMBERTZ
FORUM KULTUS

FREI + CHRISTLICH
DER FREIE CHRISTLICHE IMPULS
RUDOLF STEINERS HEUTE
KURZ-INFO

Arbeitsmaterial zur Kultus-Frage
Überarbeitete Auflage: Michaeli 2017

ISBN 978-3-73225521-4

forum kultus
Initiative für ein
freies, anthroposophisch + sakramental vertieftes Christ-Sein heute
im Förderkreis Netzwerk FORUM FREIER CHRISTEN

Arbeitsmaterial zur Kultus-Frage
Herausgabe, Satz, Layout (Word 2003) und v.i.S.d.P :
Dr. phil. Volker David Lambertz ©, D-78333 Wahlwies, Herrensteig 18

Herstellung, Verlag und Vertrieb :
BOD-VERLAG, Books on Demand GmbH, Norderstedt
In de Tarpen 42, D-22848 Norderstedt / www.BoD.de

MANUSKRIPTDRUCK - Ohne Gewähr

Dieses Kurz-INFO-Buch wird fortlaufend aktualisiert !
Bitte erkundigen Sie sich nach der ggf. neusten Bearbeitung !

Titelbild: Der »Menschheitsrepräsentant«, Christus-Holzplastik Rudolf Steiners

Mit Dank an Sieglinde, Kuni, Judith ...!

Die Sakramente

frei
✝
christlich

Der
freie christliche Impuls
Rudolf Steiners
heute

im
Forum Kultus

Kurz-Info

Arbeitsmaterial zur Kultus-Frage

Grünewald - Auferstehung

Wie überall eben
aus dem Lebendigen heraus
das Kultusartige
gesucht werden muss.

Rudolf Steiner

DIE SAKRAMENTE FREI + CHRISTLICH

*Man muss sich nur im Klaren sein,
dass man über dies Thema nicht streiten kann,
sondern man muss lernen,
Wesensunterschiede zu unterscheiden.*

*Alle Kultformen
haben ihre Berechtigung und ihre Bedeutung;
und man kann daher jede, in der ihr gemäßen Form
und dem ihr zukommenden Rahmen,
durchaus anerkennen.*

Fred Poeppig

Inhalt

Liebe LeserInnen	13
Freiheit!	19
Warum Sakramente	23

ZUR FREIHEIT DES CHRISTENMENSCHEN 29

Kirche unnötig?	29
Anthroposophie als freilassendes Werkzeug	31
Mit welchen Handlungen?	32
Steinersche Antworten	33
Ein allgemein-priesterlicher Weg	37
Lebendiger Kultus	40
Berechtigung Weihe?	42
Zwei Strömungen	47
Exkurs: Probleme mit der Christengemeinschaft	50
Monopolanspruch	58
Freie christliche Initiativen	62
Christen-Gemeinschaft	64
Zur Verfügung stellen	66
Weiter	67
Fortsetzung in Form und Inhalt	71
Forum Kultus - Leitsterne	74
weitergehen	79

Anlage

Angaben zu den Sakramenten	85
Literaturhinweise	89
Infos	96
Adresse	101

Alle freie Religiosität,
die sich in der Zukunft
innerhalb der Menschheit
entwickeln wird,
wird darauf beruhen,
dass in jedem Menschen
das Ebenbild der Gottheit
wirklich
in unmittelbarer Lebenspraxis,
nicht bloß in der Theorie,
anerkannt werde.

Dann wird es keinen Religionszwang
geben können,
dann wird es keinen Religionszwang
zu geben brauchen,

denn dann wird die Begegnung
jedes Menschen
mit jedem Menschen
von vornherein
eine religiöse Handlung,
ein Sakrament sein,

und niemand wird
eine besondere Kirche,
die äußere Einrichtungen
auf dem physischen Plan hat,
nötig haben,
das religiöse Leben
aufrecht zu erhalten.

Die Kirche kann,
wenn sie sich richtig versteht,
nur die eine Absicht haben,
sich unnötig zu machen
auf dem physischen Plane,

indem das ganze Leben
zum Ausdruck
des Übersinnlichen
gemacht wird.

Rudolf Steiner, 9.10.1918

FÖRDERKREIS FORUM FREIER CHRISTEN
NETZWERK

Liebe LeserInnen!

*Wo zwei oder drei in meinem Namen versammelt sind,
da bin JCh mitten unter ihnen!
Denn: Gott ist die Liebe.
Und wer in der Liebe ist, der ist in Gott und Gott in ihm.*

Brauchen wir dennoch spezielle "Kirchen", Hierarchien, Dogmen
als Vermittler *zwischen* uns und der Geistigen Welt?
Oder ist es - wenn wir es können - auch Christen-Pflicht,
den Geschwistern sakramentalen Beistand zu spenden,
individuell, oder in freiheitlich, autonom, geschwisterlich
handelnde Christen-Gemeinschaften?

Aber, wohin wenden wir uns *konkret*, *heute*,
und zwar als überkonfessionell, geschwisterlich suchende,
freie Christen und vor allem als Anthroposophen,
wenn wir auch die Hoch- und Notzeiten des Lebens
- insbesondere Taufe, Trauung, Bestattung -
allgemein-christlich, sakramental, individuell vertiefen
und keine *abgesonderte Kirche* in Anspruch nehmen wollen?

Viele Wege führen zu IHM, dem Alles! Jedem seinen Weg!
Auf der Suche nach einem dementsprechenden,
spirituell wirksamen Weg, findet sich
der überkonfessionelle »freie christliche« Impuls Rudolf Steiners,
der die Sakramente wieder geschwisterlich, allgemein (="laien"-)
priesterlich und anthroposophisch vertieft aufgreift
und in revolutionärer Weise priesterliches, sakramentales Handeln
zukunftsgemäß verändert:
"Jeder Mensch (werde/ist) ein Priester!"

Diese kultushistorische Wende
wurzelt in der individuellen LIEBE-TAT + FREIHEIT,
der »moralischen Intuition« eines »Ethischen Individualismus«,
wie ihn Rudolf Steiner in der »Philosophie der Freiheit« beschreibt.
Keine Institution schreibt mir etwas vor,
maßgeblich ist *meine* individuelle Beziehung zur geistigen Welt,

sind meine / unsere Möglichkeiten und ist die Verantwortung
und Not-wendigkeit tätig zu werden, aufgrund der Frage des Du,
um auch sakramentalen Beistand zu spenden.
Und dementsprechend kann sich auch eine geschwisterliche, immer
anders und neu konfigurierte, tätige Christen-Gemeinschaft bilden.

Die »freien christlichen« Sakramente - wie Rudolf Steiner
sie erfasst hat, wie wir sie wieder und neu, zeitgemäß aufgreifen
und »fortzusetzen« [R.St.!] suchen - sind ein »*IMPULS*«,
der aus der Bewusstseinsseele individuell, aktuell, frei ergriffen
werden muss, »aus dem Ernst der Zeit« [R.St.] ...

Dabei zeigt sich, dass "die Sakramente" keine auf alle Ewigkeiten
und für alle Menschen gleiche und dogmatisch irreal starr
bleibende Instrumente Gottes, sondern sich zeitgemäß, lebendig
wandelnde »Zwischenstationen«, individuell hin zu Ihm sind.

Anthroposophie muss, will und wird die Welt befruchten!
Diese not-wendige Aufgabe ergreifen auch im *Kultischen* u.a.
autonom - unabhängig von der Organisation »Anthroposophische
Gesellschaft« (weil diese religiös/konfessionell neutral ist) -
überkonfessionelle, kultisch engagierte Anthroposophen
im »Forum Kultus« und stellen die Ergebnisse / Möglichkeiten
jedem ehrlich Suchenden / Nachfragenden zur verantwortlichen
und individuellen Handhabung - als »die heilende Arznei« -
zur Verfügung bzw. antworten auf die Fragen des Du.

Relevant ist uns dabei nicht die Anerkennung durch bestimmte
Persönlichkeiten oder Macht- / Besitzansprüche irgendeiner
Institution und genauso wenig die Quantität der Mitwirkenden
oder die Etablierung einer Organisation,
sondern die spirituelle Qualität und Authentizität
des jeweils frei, individuell, wahrhaftig, würdig, empathisch,
sakramental wirksam Handelnden;

wohlwissend, dass im Sinne der Freiheit der Religionsausübung
das hier Vorgebrachte keine Allgemeingültigkeit beansprucht!
Deshalb arbeiten wir zwar autonom, aber auch ökumenisch
mit allen Christen-Geschwistern und -Gemeinschaften zusammen
und sind keine "Gegner" irgendeiner wahrhaftigen Kirche,
auch nicht der »Christengemeinschaft« (!),
denn: Jedem Seinen Weg!

Mit diesem die Thematik zusammenfassenden *Kurz*-Infobuch
wollen wir - als kultisch Handelnde - Ihnen *unsere* (!) Perspektive
auf und mit dem »spezifisch anthroposophischen«,
allgemein ("laien")-priesterlichen, kultisch-sakramentalen,
»freien christlichen« Impuls Rudolf Steiners kurz vorstellen.

Es wendet sich insbesondere an die Freunde
in der anthroposophischen Bewegung
und setzt somit verschiedentlich Kenntnisse der Anthroposophie
und von Interna der Anthroposophischen Gesellschaft voraus...
Und weil die große Mehrheit der Anthroposophen auch Mitglied
der Kirche »Die Christengemeinschaft« ist, muss hier auch immer
wieder auf deren - uns und ein allgemeines ("Laien"-) Priester-Sein -
ablehnende Doktrin eingegangen werden.

Für eine *ausführlichere* Information
fordern Sie das Infobuch
»Sakramente heute -
Der freie christliche Impuls Rudolf Steiners« an, [s.S. 91] !

Bitte bedenken Sie auch, dass sich dieser Impuls
noch am Ausbilden ist und sich immer lebendig weiterentwickelt
(»Fortsetzung in Inhalt und Form«! [R.St.] Denn »Wenn heute [1923 !] einer
die Dinge in derselben Weise vertritt, mit der man sie 1919 vertreten hat,
man da um Jahrhunderte zurückgeblieben ist.« [Rudolf Steiner, 31.12.1923]);
erkundigen Sie sich ggf. (*www.Forum-Kultus.de* / *Informationstexte*),
ob Sie die/eine aktuelle Darstellung zur Hand haben!
(Im BoD-Verlag ist immer die neuste Version auf Lager!)

Es werden auch hier Fragen offen bleiben!: Fragen Sie nach!

Auf dem Weg ... brennenden Herzens ...
denn Christ-Sein wird sich zukünftig immer mehr
einer "allein selig machenden" Kirche ab- und den Geschwistern
und damit IHM direkt, konkret, individuell und autonom
und ggf. in freien, sozialen Christen-Gemeinschaften zuwenden;

auch wenn das noch Zukunft ist,
die aber *heute* gesät werden muss...!

Volker David Lambertz im FORUM KULTUS - Michaeli 2017

Jeder Mensch ein Priester !

Und Jesus trat zu ihnen und sprach:
Nun ist mir
alle Schöpfermacht übergeben
im Himmel und auf der Erde.
Ziehet aus
und seid die Lehrer aller Völker
und tauft sie
im Namen und mit der Kraft
des Vaters,
des Sohnes
und des Heiligen Geistes.
Und lehret sie,
sich an die Geistesziele zu halten,
die ich euch gegeben habe.
Und siehe,
JCh bin in eurer Mitte
alle Tage
bis zur Vollendung der Erdenzeit.

Matt. 28/18-20   (Übersetzung Emil Bock)

Doch will ich euch den Weg weisen,
der höher als alle anderen ist: ...
Die Liebe
sei euer Weg und euer Ziel.

1. Kor. 13 (Übersetzung Emil Bock)

FORUM KULTUS
ARBEITSMATERIAL ZUR KULTUS-FRAGE

FREIHEIT !

Was uns von allen anderen Wesen unterscheidet, ist die Freiheit.
Die »Freiheit des Christenmenschen«
war eine zentrale Errungenschaft Luthers, des Christentums.
Und heute?
Freiheit ist mehr als "Freiheit",
nämlich die eigenverantwortliche Einordnung, aufgrund eigenen moralischem Empfindens, in das Wollen der geistigen Welt.

Im Ergreifen des »freien christlichen« Impulses Rudolf Steiners finden und haben wir hier seine Wurzeln.

Rudolf Steiner

ZUR PHILOSOPHIE DER FREIHEIT

(...eine *freie* Handlung:) »Zur Voraussetzung hat eine solche Handlung die Fähigkeit der **moralischen Intuitionen**. (9K/25A)
Der gerade Gegensatz dieses Sittlichkeitsprinzips ist das Kant'sche: Handle so, dass die Grundsätze deines Handelns für alle Menschen gelten können. Dieser Satz ist der Tod aller individuellen Antriebe des Handelns. Nicht wie *alle* Menschen handeln würden, kann für mich maßgebend sein, sondern was für mich in dem individuellen Falle zu tun ist. ... (9K/26A)
Die Menschen sind dem Intuitionsvermögen nach verschieden. Dem einen sprudeln die Ideen zu, der andere erwirbt sie sich mühselig. Die Situationen, in denen die Menschen leben und die den Schauplatz ihres Handelns abgeben, sind nicht weniger verschieden. Wie ein Mensch handelt, wird also abhängen von der Art, wie sein Intuitionsvermögen einer bestimmten Situation gegenüber wirkt. Die Summe der in uns wirksamen Ideen, den realen Inhalt unserer Intuitionen, macht das aus, was bei aller Allgemeinheit der Ideenwelt in jedem Menschen individuell geartet ist. Insofern dieser intuitive Inhalt auf das Handeln geht, ist er der Sittlichkeitsgehalt des Individuums. ..

Man kann diesen Standpunkt den **ethischen Individualismus** nennen. ... (9K/28A)

Während ich handle, bewegt mich die Sittlichkeitsmaxime, insofern sie intuitiv in mir leben kann; sie ist verbunden mit der Liebe zu dem Objekt, das ich durch meine Handlung verwirklichen will. Ich frage keinen Menschen und auch keine Regel: Soll ich diese Handlung ausführen? - sondern ich führe sie aus, sobald ich die Idee davon gefasst habe. Nur dadurch ist sie *meine* Handlung. Wer nur handelt, weil er bestimmte sittliche Normen anerkennt, dessen Handlung ist das Ergebnis der in seinem Moralkodex stehenden Prinzipien. Er ist bloß der Vollstrecker. Er ist ein höherer Automat. .. Nur wenn ich meiner Liebe zu dem Objekt folge, dann bin ich es selbst, der handelt. Ich handle auf dieser Stufe der Sittlichkeit nicht, weil ich einen Herrn über mich anerkenne, nicht die äußere Autorität, nicht eine so genannte innere Stimme. Ich erkenne kein äußeres Prinzip meines Handelns an, weil ich in mir selbst den Grund des Handelns, die Liebe zur Handlung gefunden habe. .. ich vollziehe sie, weil ich sie *liebe*. Sie wird 'gut', wenn meine in Liebe getauchte Intuition in der rechten Art in dem intuitiv zu erlebenden Weltzusammenhang drinnensteht; 'böse', wenn das nicht der Fall ist. Ich frage mich auch nicht: Wie würde ein anderer Mensch in meinem Falle handeln? - sondern ich handle, wie ich, diese besondere Individualität, zu wollen mich veranlasst sehe. Nicht das allgemein Übliche, die allgemeine Sitte, eine allgemein-menschliche Maxime, eine sittliche Norm leitet mich in unmittelbarer Art, sondern meine Liebe zur Tat. Ich fühle keinen Zwang, nicht den Zwang der Natur, die mich bei meinen Trieben leitet, nicht den Zwang der sittlichen Gebote, sondern *ich* will einfach ausführen, was in mir liegt. ... (9K/30A)

Eine Handlung wird als eine freie empfunden, soweit deren Grund aus dem ideellen Teil meines individuellen Wesens hervorgeht; jeder andere Teil einer Handlung, gleichgültig, ob er aus dem Zwange der Natur oder aus der Nötigung einer sittlichen Norm vollzogen wird, wird als *unfrei* empfunden. (9K/33A)

Frei ist nur der Mensch, insofern er in jedem Augenblicke seines Lebens sich selbst zu folgen in der Lage ist. Eine sittliche Tat ist nur *meine* Tat, wenn sie in dieser Auffassung eine freie genannt werden kann. ... (9K/34A)

Die Handlung aus Freiheit schließt die sittlichen nicht etwa aus, sondern ein; sie erweist sich nur als höher stehend gegenüber derjenigen, die nur von diesen Gesetzen diktiert ist. Warum sollte meine Handlung denn weniger dem Gesamtwohl dienen, wenn ich sie aus Liebe getan habe, als dann, wenn ich sie *nur* aus dem Grunde vollbracht habe, weil dem Gesamtwohl zu dienen ich als Pflicht empfinde? .. Die Freiheit des Handelns ist nur denkbar vom Standpunkt des ethischen Individualismus aus. ... (9K/35A)

Leben in der Liebe zum Handeln und Lebenlassen im Verständnis des fremden Wollens ist die Grundmaxime der freien Menschen. .. (9K/36A)

Es wird viele geben, die da sagen: Der Begriff des *freien* Menschen, den du da entwirfst, ist eine Schimäre, ist nirgends verwirklicht. .. Ich bezweifle das keineswegs. Nur ein Blinder könnte es. ... Aber mitten aus der Zwangsordnung heraus erheben sich die Menschen, die *freien Geister*, die *sich* selbst finden in dem Wust von Sitte, Gesetzeszwang, Religionsübung und so weiter. ... Wer von uns kann sagen, dass er in allen seinen Handlungen wirklich frei ist? Aber in jedem von uns wohnt eine tiefere Wesenheit, in der sich der freie Mensch ausspricht. (9K/38A) ...

Was der freie Geist nötig hat, um seine Ideen zu verwirklichen, um sich durchzusetzen, ist also die moralische Fantasie. Sie ist die Quelle für das Handeln des freien Geistes. ... (12K/3A) ...

Das moralische Handeln setzt also voraus neben dem moralischen Ideenvermögen und der moralischen Fantasie die Fähigkeit, die Welt der Wahrnehmungen umzuformen, ohne ihren naturgesetzlichen Zusammenhang zu durchbrechen.

Diese Fähigkeit ist **moralische Technik**. Sie ist in dem Sinne lernbar, wie Wissenschaft überhaupt lernbar ist. ... (12K/4A) «

Rudolf Steiner, »Die Philosophie der Freiheit«
AUSZÜGE *aus dem 9. Kapitel »Die Idee der Freiheit«,*
GA 4, Rudolf Steiner-Verlag, CH-4143 Dornach, ISBN 3 7274 0040 4
(K= Kapitel / A = Absatz // Kursivsetzung original Steiner / fett gesetzt durch VDL)

INITIATIVE FREIE CHRISTLICHE
ARBEITS-GEMEINSCHAFT

Wikipedia
Sakrament

Als *Sakrament*
bezeichnet man im Christentum
einen Ritus,
der als sichtbares Zeichen
beziehungsweise als sichtbare Handlung
eine unsichtbare Wirklichkeit Gottes
vergegenwärtigt
und an ihr teilhaben lässt.

Auszug aus WIKIPEDIA, 28.8.17

DIE SAKRAMENTE - ARZNEI DER LIEBE

Sakramente ?

Gott ist die Liebe.
Und die Liebe verbindet uns wieder mit der Quelle,
der Harmonie, der Schöpferkraft, dem Neu-Werden.
Ein besonders wirksames Heils-Werkzeug Gottes ist
die Arznei der Wandlung ins Licht: das Sakrament,
zur Heilung unseres krankmachenden Getrenntseins
vom lebendigen Schöpferwirken und -willen Gottes.
Denn letztlich: Alle Krankheit unseres physischen, ätherischen
Körpers, unserer Seele, wie unseres Geistes
wurzelt in der Nicht-Anbindung an unsere Leben und Harmonie
spendende Schöpfer-Quelle, in der Trennung von Gott ...
Sind wir nicht - mehr oder weniger - herausgefallen aus der Liebe?

Weil diese Liebe bedingungslos ist,
dürfen auch Seine Liebe-Quellen - die Sakramente -
nicht mit Bedingungen belegt, dogmatisiert werden.
Es wäre Hybris Sein Wirken reglementieren zu wollen.
Sakramente sind keine Herrschaftsmittel, Besitztümer,
sondern vermitteln Gottes unerschöpfliche Gnade und Hingabe,
... den Menschen, die eines guten Willens sind.

Wir können IHN wahr-nehmen, Er-kennen (Evangelium),
wir lassen unsere Doppelgänger los, opfern unser Ego (Opferung)
und können uns dadurch verändern, verwandeln (Wandlung),
um dann wieder gekräftigt, gesundend an unser Höheres JCh
anzuknüpfen, uns wieder mit IHM zu vereinen (Kommunion).
Das Zentralsakrament (hier die Opferfeier, sonst die Messe, etc.)
ist ein Weg dafür, der jederzeit aufgreifbar ist,
die sieben Sakramente die heilenden Wiederverbindungs-
Quellorte an den Kreuzpunkten unseres Lebensweges.
Letztlich wird so das ganze Leben zur Wandlung hin zu Gott,
zum Sakrament ...

»Bringt die Kranken und Notleidenden zu mir ...
Denn: Sehet, JCh bin alle Zeit mit Euch!«

VDL

Aus den Weiten des Himmels
kommende Menschenseele,
die du deinen Fuß
auf eine aus ihren Tiefen
Wärme strahlende
und auf ihrer Oberfläche
von Wind und Wasser umtoste
Erde setzest,
um dich
in einem warmen, festen und flüssigen Leib
zu verkörpern;
hier das Rätsel des Daseins zu empfinden
und die erhabene Gottheit zu suchen
und zu begreifen.
Du betrittst den Schauplatz
von Wasser, Salz und Asche,
von strömender, formgebender und auflösender
Bildekraft.
Eingetaucht und getauft wirst du
in das dreifaltige Urgesetz
dieses Gottessterns.
Nun lebe,
erfahre das Schicksal der Erde
und wende dich
in deinem Dasein,
deinem Wachsen und Werden
in Ehrfurcht zu Gott
dem Vater, dem Sohne und dem Heiligen Geiste.

Kurt von Wistinghausen
zur Taufe

Die sieben Sakramente

in der Darstellung Rudolf Steiners
und der/unserer freien christlichen Handhabung heute

INDIVIDUALITÄT
Im menschlichen Lebenslauf

1 + Geburt   **Taufe** *(Empfangskultus - Kindstaufe)*
(Physischer Leib)   *(baptisma)*

2 + Erwachen   **Jugendfeier** *(Konfirmation)*
(Ätherleib)   *(confirmatio)*

3 + Wandlung   **Opferfeier** *(Gottesdienst - Abendmahl)*
                                als Zentralsakrament
(Astralleib)   *(eucharista)*

4 + Erinnerung   **Lebensschau** *(Beichte)*
(Ich)   *(paenitentia)*

5 + Tod   **Sterbekultus**
                                Ölung - Aussegnung - Bestattung
(Geistselbst)   *(extrema unctio)*

GEMEINSCHAFT bauen

6 + Christen-   **Verbindung**
     Gemeinschaft   *(Priester-Weihe / Erwachsenen-Taufe)*
(Lebensgeist)   *(ordo)*

7 + Ich & Du   **Trauung**
(Geistesmensch)   *(matrimonium)*

Die Zuordnungen zu den Wesensgliedern (in Klammern): Rudolf Steiner.
Sie können natürlich auch noch andere Perspektiven einnehmen.
* *Die Kinder-Taufe wird von Rudolf Steiner ausdrücklich als Empfangskultus für das Neugeborene angesehen.*

Siehe alle Texte der Sakramente in   *FK-01/2017*
DIE SAKRAMENTE in der freien christlichen Fassung Rudolf Steiners heute
KULTUS-HANDBUCH, in verschiedenen Ausführungen, *siehe S. 91 !*

Was in der Entwicklung
der Christenheit
als Sehnsucht und Streben nach
Laienpriestertum
immer wieder erstand
- allerdings auch immer wieder verfolgt
und schließlich zum Verschwinden
gebracht wurde -,
das hat hier
durch Rudolf Steiner
eine neue Keimlegung erfahren.

Maria Röschl-Lehrs, GA 265, S.42

FORUM KULTUS
ARBEITSMATERIAL ZUR KULTUS-FRAGE

KURZ-INFO-BUCH

➔ Sie sollen folgend hier nicht
durch eine ausufernde Zusammenstellung beschwert werden.

Deshalb befinden sich hier die Nachweise, Vertiefungen, Kommentare, etc.
in den Fußnoten.

Auf vielfachem Wunsch sind diese ausführlich und vor allem
direkt beim betreffenden Text und nicht am Ende des Buches angebracht.

So können Sie entweder den Text einfach und schnell durchlesen,
oder aber auch direkt, ohne zu suchen, die zusätzlichen Informationen
in den Fußnoten mit aufnehmen.

ABKÜRZUNGSVERZEICHNIS siehe S. 96; zur ZITATION siehe S. 96.

Zur Freiheit des Christenmenschen

Hinblick
auf den »freien christlichen«[1] Impuls heute

Allgemeine Kirche,
gleich der Sonne,
Sammelplatz auserwählter Geister,
freigesprochen von Sinnestäuschung,
nur Wahrheit schauend ewig!
Ihre Zugänge geöffnet allen Völkern,
die ganze Menschheit segnend
und kein Wesen ausgenommen.   Bettina von Arnim

Kirche unnötig ?

»Alle Christen sind wahrhaft geistlichen Standes,
und ist unter ihnen kein Unterschied
dann des Amts halben allein. ...
Demnach so werden wir allesamt
durch die Taufe zu Priestern geweiht. ...
Was aus der Taufe gekrochen ist, das mag sich rühmen,
dass es schon Priester, Bischof und Papst geweiht sei,
obwohl es nicht jedem ziemt, dieses Amt auch auszuüben.« Luther [2]

---

1   Die Begriffe »frei christlich«, bzw. »allgemein-christlich« werden hier mit »laien-priesterlich« und »allgemein-priesterlich« gleichgesetzt,
d. h. einem berechtigten und wirkungsvollen sakramentalen Handeln durch "Nicht-Geweihte", also Christen ohne traditionelle, *kirchlich* erteilte Amts-»Priester-Weihe«; so wie das im Urchristentum üblich war und wie es dann Martin Luther - für die evangelische Kirche, aber prinzipiell für jeden Christenmenschen - und für heute Rudolf Steiner wieder postulierten, auf dessen »freien christlichen« Impuls wir uns hier beziehen.
2   *Martin Luther, »An den christlichen Adel...« 1520, siehe auch Wikipedia.*

Unübersehbar »ergibt sich als *not*-wendig, dass das christliche Freiheitselement *auch* dem Wesen des Kultus, dem Sakramentalismus einverleibt werden muss.

Das heißt, dass zunehmend nach der Zukunft hin nicht mehr der eine ^(Priester) für die anderen alle das Opfer zu vollbringen haben wird, sondern, dass der eine mit dem anderen gemeinschaftlich das Gleichwerden der Menschen gegenüber dem Christus, der als Sonnenwesen auf die Erde heruntergestiegen ist, erleben soll.« [3]

»Die Kirche kann, wenn sie sich richtig versteht, nur die eine Absicht haben, sich unnötig zu machen auf dem physischen Plane, indem das *ganze Leben* zum Ausdruck des Übersinnlichen gemacht wird.« [4]

»Voraussetzung zu all dem ist die Spiritualisierung des Denkens. Erst davon ausgehend wird man dazu kommen können, nach und nach alle Lebensbetätigungen zu sakramentalisieren.

Dann werden sich aus der Erkenntnis der geistigen Wirklichkeiten heraus auch die alten Zeremonien ändern, weil es da, wo man Wirklichkeiten hat, keiner Symbole mehr bedarf.« [5]

»Alle freie Religiosität, die sich in der Zukunft innerhalb der Menschheit entwickeln wird, wird darauf beruhen, dass in jedem Menschen das Ebenbild der Gottheit wirklich in unmittelbarer Lebenspraxis, nicht bloß in der Theorie, anerkannt werde.

Dann wird es keinen Religionszwang geben können, dann wird es keinen Religionszwang zu geben brauchen, denn dann wird die Begegnung jedes Menschen mit jedem Menschen von vornherein eine religiöse Handlung, ein Sakrament sein,

und niemand wird eine besondere Kirche, die äußere Einrichtungen auf dem physischen Plan hat, nötig haben, das religiöse Leben aufrecht zu erhalten.« [6/7]

---

3   *Hella Wiesberger, GA 265, S. 19.*
4   *Rudolf Steiner, 9.10.1918, »Was tut der Engel in unserem Astralleib?«, GA 182.*
5   *Hella Wiesberger, GA 265, S. 22.*
6   *Rudolf Steiner, 9.10.1918, GA 182.*
7   »Der Christus hat einmal gesagt: ›Ich bin bei euch bis ans Ende der Erdentage‹. Und er ist nicht bloß als ein Toter, er ist als ein Lebender unter uns, und er offenbart sich immer. Und nur diejenigen, die so kurzsichtig sind, dass sie sich vor dieser Offenbarung fürchten, sagen, man solle bei dem bleiben, was immer ge-

Anthroposophie
als freilassendes Werkzeug

Weg dahin und Quelle dazu *kann* die Anthroposophie - als eine Philosophie der Freiheit - sein.
»Anthroposophie ist ein Erkenntnisweg, der das Geistige im Menschenwesen zum Geistigen im Weltenall führen möchte.«[8]
Als ein freilassender, interreligiöser Schulungs- und Erkenntnisweg führt sie zum Erwachen am (Christus im) anderen Menschen.
Hier wird ein unmittelbares Anknüpfen der Bewusstseins-Seele an das Mysterium von Golgatha, an die Gegenwart der Geistigen Welt ermöglicht, individuell und frei aus der »moralischen Intuition« eines »ethischen Individualismus«.[9]
So wird Anthroposophie »selbst Gottesdienst« [Rudolf Steiner] und kann den würdig und ernsthaft Strebenden *direkt* zur Verbindung mit IHM, zur »geistigen Kommunion« führen.
Letztendlich mündet sie in die Verchristlichung und Sakramentalisierung des *ganzen* Lebens.

---

golten hat. Diejenigen aber, die nicht feige sind, wissen, dass der Christus sich immer offenbart.« *(Rudolf Steiner, GA 169/2, S. 44).*
»Der nur hat die wahre Meinung von dem Christentum, der durchdrungen ist von der Überzeugung, dass alle Kirchen, die den Christus-Gedanken gepflegt haben, alle äußeren Gedanken, alle äußeren Formen zeitlich und daher vorübergehend sind, dass aber der Christus-Gedanke sich in immer neuen Formen hereinleben wird in die Herzen und Seelen der Menschen in der Zukunft, so wenig diese neuen Formen sich auch heute zeigen.« *(Rudolf Steiner, 13.10.1911, GA 131).*
»...die Menschheit ist gegenwärtig auf einer Entwicklungsstufe angelangt, auf der ein großer Teil von ihr alle Religion verlieren würde, wenn die ihr zugrunde liegenden, höheren Wahrheiten nicht auch in einer Form verkündigt würden, so dass auch das schärfste Nachdenken sie als gültig ansehen kann. Die Religionen sind wahr, aber die Zeit ist für viele Menschen vorüber, in der Begreifen durch den bloßen Glauben möglich war. Wenn die den religiösen Vorstellungen zugrunde liegenden Weisheiten nicht in einer dem vollkommenen Denken standhaltenden Form in der Öffentlichkeit verkündet würden, so müssten alsbald der völlige Zweifel und Unglaube gegenüber der unsichtbaren Welt hereinbrechen. Und eine Zeit, in der das der Fall wäre, wäre trotz aller materiellen Kultur eine Zeit, schlimmer als eine solche der Barbarei.« *(Rudolf Steiner, GA 34, S. 273f).*
8   Rudolf Steiner, »Leitsätze«.
9   Siehe Rudolf Steiner, »Die Philosophie der Freiheit«.

Anthroposophie ermöglicht Mitgliedern *aller* Religionen und Konfessionen einen freien, individuellen, unabhängigen, interreligiösen, unmittelbaren Weg zur Geistigen Welt und dem Christus. [10]
Als ein interreligiöses »Erkenntniswerkzeug« ist sie auf die Freiheit und individuelle Erkenntnis des Strebenden aufgebaut [11] und lässt somit prinzipiell jedem seine Religion, seine Konfession.

So erkennt sie neben den kirchlichen Wegen grundsätzlich genauso eine konfessionell unabhängige und dementsprechende kultische Gestaltung des eigenen Lebens an: Jedem Seinen Weg!

Mit welchen Handlungen

Mit welchen Texten könnten aber die Konzentrationspunkte des religiösen, kultischen Lebens er- und gefasst werden, wenn eine spezielle *Kirche* nicht infrage kommt?

Meist wird versucht eigene Formen und Worte zu finden.

Woran aber orientieren wir uns, wenn wir uns - aus welchen Gründen auch immer - noch nicht in der Lage sehen eigene Sakramentstexte und -formen zu fassen, zu formulieren?

Dann sind wir auf gegenwärtig verfügbare Texte angewiesen.

---

10 »Anthroposophie als Wissenschaft vom Übersinnlichen und die Anthroposophische Gesellschaft als deren Gemeinschaftsträger sollten nicht an ein bestimmtes Religionsbekenntnis gebunden sein, da die Anthroposophie ihrem Wesen nach *interreligiös* ist. (Es gibt Anthroposophen aus allen Religionen.[Anm.VDL]) Auch ihre zentralste Erkenntnis, die Erkenntnis von der Bedeutung des Christus-Geistes für die Menschheits- und Erdenentwicklung, beruht nicht auf derjenigen der christlichen Konfessionen, sondern auf der Einweihungswissenschaft, aus der alle Religionen einmal hervorgegangen sind. In diesem Sinne charakterisiert er *(Steiner)* es einmal als einen ›Grundnerv‹ der geisteswissenschaftlichen Forschungsaufgaben, den *allen* Religionen gemeinsamen übersinnlichen Wahrheitsgehalt herauszuarbeiten und dadurch ›gegenseitiges Verständnis der einzelnen aus den Initiationen hervorgehenden religiösen Strömungen über die Erde zu bringen‹ *(Rudolf Steiner, 23.4. 1912, GA 133, S. 61ff.)*. Daraus ergibt sich als logische Folge, dass von der Anthroposophie her gesehen praktische Religionsausübung innerhalb einer Konfession Privatsache des Einzelnen sein muss. Das findet sich auch in den Statuten der Gesellschaft von Anfang an ausgedrückt.« *(Hella Wiesberger, GA 265, S. 14)*.

11 Das Prinzip Rudolf Steiners (als Geisteslehrer) dazu: »Richte jede deiner Taten, jedes deiner Worte so ein, dass durch dich in keines Menschen freien Willensentschluss eingegriffen wird.« *(Rudolf Steiner, GA 10, S. 22)*.

Auf der Suche nach spirituell zeitgemäßen und vor allem überkonfessionellen, sakramentalen Handlungen sind diese Fragen auch *Rudolf Steiner* gestellt worden. Und er antwortete auch hier.
So besteht auf dem Weg zur spirituellen Emanzipation des Christen-Menschen die kultushistorisch bedeutsame Tat *Rudolf Steiners* nicht nur in der Geburtshilfe für eine »erneuerte« *"Kirche"* (»Die Christengemeinschaft«) [12] - die segensreich und für viele wichtig und richtig war und ist [13] -,
sondern vor allem in der Zukunftssaat eines »*freien christlichen*«, überkonfessionellen, sakramentalen Kultus-Impulses.

Steiner'sche Antworten

In Anbetracht der vorgetragenen Anliegen und Fragen, aber natürlich auch besonders mit dem Blick auf die Notwendigkeiten der Zukunft, vermittelte Rudolf Steiner einen - allerdings bis heute nur teilweise aufgegriffenen [14] - Kreis von kirchenunabhängigen und allgemein("laien")-priesterlichen Sakramenten [15/16] :

---

12 Die 1922 nach Rudolf Steiners Ratschlägen mit insbesondere Friedrich Rittelmeyer (als deren ersten »Erzoberlenker«) begründete »Die Christengemeinschaft« *(folgend »CG«)*, *siehe GA 342-345 (s. a.: www.Christengemeinschaft.org)*.
Die CG versuchte (evangelische) Freiheit und (katholische) Sakramentalität in einer »erneuerten Kirche« zu vereinen und durch die Anthroposophie zu vertiefen. Sie behielt aber trotz der Fortschritte der "Lehrfreiheit" der Priester (allerdings in den Grenzen der eigenen CG-Weltanschauung) und der Frauenordination, doch das "Zwei-Stände-Prinzip" bei (= *allein* die Priesterschaft, die kirchlich, amtspriesterlich Geweihten sind zum sakramentalen Vollzug berechtigt; allgemein-priesterliches Handeln wird nicht nur als unberechtigt, sondern auch als Sakrileg und Hybris angesehen) und unterstellte den Pfarrer einer bindenden kirchlichen Hierarchie. Sehr viele Anthroposophen sind dort Mitglied. *(Siehe dazu hier Kapitel »Probleme mit der CG«, S. 50 und Fußnoten 56/63/65)*.
13 Und sie wird es auch noch lange bleiben, so lange, wie es erforderlich sein wird, auch »denjenigen Menschen etwas zu geben, die zunächst - man muss da die historisch gegebene Notwendigkeit ins Auge fassen - nicht in der Lage sind, unmittelbar den Gang zur anthroposophischen Bewegung anzutreten.« *(Rudolf Steiner, 30.12.1922, GA 219)*.
14 Siehe Fußnote 30.
15 Dass diese Sakramente eindeutig der allgemein("laien")-priesterlichen Ebene angehören, zeigt sich schon daran, dass sie - von Rudolf Steiner! - "Nichtgeweihten" ("Laien") zum vollgültigen Vollzug gegeben wurden.

einen »spezifisch anthroposophischen« Weg [17] :
das in seiner kultischen Entwicklung weitergeführte
• Zentralsakrament [18/19] die »OPFERFEIER« (1923) [20]

Zum geistlichen Stand der sakramental Handelnden *(siehe Fußnoten 21, 28, 29 zu Ruhtenberg, Schuster und den Religionslehrern der Waldorfschule).*

16 Weil die Siebenheit der Sakramente (wie sie auch Rudolf Steiner vermittelte) eine Einheit bildet, werden hier die zeitlich getrennt gegebenen allgemein-priesterlichen Sakramente - einerseits das Zentralsakrament »Opferfeier«, andererseits Taufe, Trauung, etc. - gemeinsam behandelt.

Siehe im Text unten Zitat »lehrreich...« : Hier wird ein und derselbe Text zur Beschreibung für verschiedene Lebenszusammenhänge genutzt! *(Siehe Fußnote 31, zur Siebenheit: Fußnote 30).*

17 »Spezifisch anthroposophisch« meint hier den in der »Philosophie der Freiheit« vorgegebenen, allgemein("laien"-)priesterlich relevanten Weg: Handeln aus der »moralischen Intuition« eines »ethischen Individualismus«. Und der ist ein überkonfessioneller, institutionell unabhängiger, individueller, religiös mündiger, nur der geistigen Welt gegenüber verantworteter Weg, der nicht durch irgendeine Zertifizierung oder Genehmigung durch einer bestimmten Kirchen-Hierarchie reglementiert werden kann; so wie das auch für die Anthroposophie als solche gilt.

»Denn diese Bewegung für christliche Erneuerung ist nicht aus der Anthroposophie herausgewachsen. Sie hat ihren Ursprung bei Persönlichkeiten genommen, die vom Erleben im Christentum heraus, nicht vom Erleben in der Anthroposophie heraus einen neuen religiösen Weg suchten. (...) Aber sie suchten nicht den anthroposophischen Weg, sie suchten einen spezifisch religiösen.« *(Rudolf Steiner, 5.10.1924, »Nachrichtenblatt für die Mitglieder«, GA 260a, S. 397).*

18 Der Mittelpunkt der Sakramente - die so genannte "Messe" als Zentralsakrament - beinhaltet - so wie die »Opferfeier« auch - vier typische Teile: Evangelium, Opferung, Wandlung, Kommunion. Die »Opferfeier« ist zwar eine weitergeführte, aber doch vollgültige "Messe", ein eucharistisches Altarsakrament (wenn auch nicht mehr über den "Umweg" der Substanzen [von Brot und Wein] sondern »direkt« [mit Leib und Blut des Kommunikanten]) *(siehe Fußnote 63).*

»Sie steht an der Spitze der Hierarchie aus zwei Gründen. Erstens, weil sie die Kraft des ganzen Christus selbst enthält; zweitens, weil alle übrigen Sakramente auf sie zu- und hingeordnet sind.« *(Alexandre Ganoczy, »Einführung in die katholische Sakramentenlehre«).*

19 Zum ersten Mal am 25.3.1923 in der Stuttgarter Waldorfschule gefeiert.

20 »...zusammengeschaut, machen klar, wo die Opferfeier auf der Linie historischer Entwicklung einzureihen ist: nicht vor, sondern *nach* der Messe mit Brot und Wein.« *(Maria Röschl-Lehrs, GA 269, S. 128).*

Der Hinweis Rudolf Steiners, dass die Opferfeier »nicht priesterlich« zu halten sei, bedeutete gerade, dass hier das "Alte", nämlich amtspriesterliche, traditionelle Zwei-Stände-/ Kleriker-Laien-/ "Priester"-Prinzip (wie auch in der CG) keine Rolle mehr spielen soll; hier wird gerade eben nicht hierarchisch-priesterlich, sondern gleichberechtigt-geschwisterlich, direkt-urchristlich, allgemein-priesterlich gehandelt; somit ist sie ein kultushistorischer Fortschritt gegenüber traditioneller Formen.

den Religionslehrern [21] der Freien Waldorfschule
und den anthroposophisch-heilpädagogischen Heimen
- letztlich aber für jeden, der diese wünscht [22] -
und zu dem
• die Sonntags-Handlungen für die Schul-Kinder (1920 [23])
• und das Sakrament »JUGENDFEIER« *(Konfirmation)* (1921 [24]).

Und auf die Einwendung, es könne in jeder Kulturepoche jeweils nur *ein* gültiger Kultus - und zwar auch nur vom einem Eingeweihten - heruntergeholt werden und der sei mit der Menschenweihehandlung der CG für unsere Zeit gegeben, sei darauf hingewiesen, dass Rudolf Steiner die Opferfeier nach der Menschenweihehandlung der CG inaugurierte. (Ist deshalb die MWH der CG überholt?)
Auch im Hinblick auf die Zukunft verwies er sogar auf die notwendige Fortbildung der Opferfeier (! = noch weitere Formen, die, wenn *w i r* sie auszuarbeiten haben, nicht von einem Eingeweihten stammen); *siehe hierzu auch nachfolgend Fußnote 22.*
21 Ganz deutlich ist der allgemein("laien")-priesterliche Stand bei den Handlungshaltenden in den Waldorfschulen etc., die das - fortgeschrittenere - Zentralsakrament »Opferfeier« berechtigt und wirkungsvoll zelebrieren: Sie sind als Lehrer alle nichtgeweihte »Laien« ! Die Wirkensmöglichkeit bezieht der hier Strebende aus seinem Christ- und Anthroposoph-Sein und SEINEM Ja.
Gehalten werden die Handlungen »exterritorial« *(R.St.)* im Auftrag der (interreligiösen!) Anthroposophischen Gesellschaft und nicht durch die Waldorfschule selbst. Ihre "Anerkennung" als Religionslehrer und Handlungshaltende für die Waldorfschule erhalten sie vom »Überregionalen Religionslehrerkollegium« (der Pädagogischen Sektion der Freien Hochschule für Geisteswissenschaft der Anthroposophischen Gesellschaft in Dornach/Schweiz). Die Entscheidung dazu fällen in der Regel die Religionslehrer der betreffenden Schule autonom in ihrer Runde. Dies ist jedoch keine »Weihe«, sondern eine organisatorische Maßnahme / Bestätigung.
22 »Maria Röschl-Lehrs berichtet, wie nach dem ersten Vollzug dieser Handlung Lehrerkollegen darum ersuchten, die Feier für die Lehrer allein zu wiederholen. Da die Ausführenden der Handlung zu der Auffassung neigten, die Handlung solle nur für Schüler unter Teilnahme von Lehrern und Eltern stattfinden, sei sie gebeten worden, Rudolf Steiner darüber zu befragen: >Ich fragte ihn in einer Formulierung, die bereits zeigte, ich sei der Meinung, es gehe nicht an, die Opferfeier anders als für Schüler zu halten. Rudolf Steiner aber blickte mich mit weit geöffneten Augen an - ich kannte diese Geste als seinen Ausdruck überraschten, leicht missbilligenden Erstaunens - und sagte: Warum nicht? Diese Handlung kann überall gehalten werden, wo Menschen sind, die sie wünschen!< «   *(Hella Wiesberger in GA 269, S. 125).*
»Eine kultische Arbeit in der anthroposophischen Bewegung muss aus demselben geistigen Strom hervorgehen wie die Schulhandlungen, gewissermaßen eine Fortsetzung (!) dessen, was in Form und Inhalt in der Opferfeier gegeben war...«.
(Rudolf Steiner zu René Maikowski, GA 269, S. 133).
23 Die erste Sonntags-Handlung fand am 1.2.1920 in der Stuttgarter Waldorfschule statt.
24 Erstmalig Palmsonntag 1921 in der Stuttgarter Waldorfschule gehalten.

- Die TAUFE (1921 [25]),
- die TRAUUNG (1922 [26])
- und die BESTATTUNG mit der AUSSEGNUNG (1919 [27])

erhielten Wilhelm Ruhtenberg [28], bzw. Hugo Schuster [29] als damit einzeln und autonom wirkende Anthroposophen, unabhängig früherer kirchlicher Tätigkeiten.

---

25   An Ruhtenberg *(siehe auch GA 265, 1987, S. 36)*.
26   An Ruhtenberg *(lt. GA 345, 1994, S. 73)*.
27   Hugo Schuster gegeben; erstmals vollzog er die Bestattungshandlung am 14.1.1919 für Marie Leyh auf dem Arlesheimer Friedhof *(siehe GA 265, S. 491)*.
28   Wilhelm Ruhtenberg war »Laie«, nämlich ausschließlich Waldorflehrer, als er von Steiner Taufe und Trauung erhielt. Den gleichen geistlichen Stand besaß er übrigens auch, als er *zuvor* Pastor der Evangelischen Kirche war: Diese kennt nämlich keine Priester-Weihe, sondern nur eine A m t s einführung namens »Ordination« (»Dieneramt«). Geistlich steht dort der Pastor - aufgrund des »allgemeinen Priestertums«, das auch Steiner als richtig und wirksam für den freien christlichen Kultus aufgriff - auf derselben Ebene wie alle anderen Kirchenmitglieder. Als er später - nachdem er die freien christlichen Sakramente bereits erhalten hatte - doch noch konvertierte und sich zum Priester der CG weihen ließ, erklärte Steiner dies zu seiner »Privatangelegenheit«(!): »Der Pastor Ruhtenberg muss, wenn er hier (als frei christlich Handelnder [Anm. VDL]) ist, vollständig vergessen, dass er Priester ist.« *(Rudolf Steiner, 9.12.1922, »Zur religiösen Erziehung, Wortlaute Rudolf Steiners...«, S. 175)*. (Dass die CG - als traditionell strukturierte "Kirche" - eine Priesterweihe noch braucht, ist ein anderes Thema...)
29   Schuster war Priester der christkatholischen Kirche. Die freien christlichen, allgemein-("laien")priesterlichen (!) Rituale erhielt er jedoch von Steiner weil er als aktiver *Anthroposoph* für Anthroposophen danach fragte, *nicht* weil er berechtigt war als Pfarrer der Christkatholischen Kirche christkatholische Sakramente an Christkatholiken zu erteilen. Denn prinzipiell ist ja gerade keinerlei *(kirchliche)* "Weihe" Voraussetzung für ein freies christliches, sakramentales Handeln *(siehe Rudolf Steiner, 4.10.1921, Nachmittag, GA 343, S. 350)*. Selbst die CG erkennt die christkatholische Weihe für diese - von ihr beanspruchten - Sakramente nicht an.

Wenn es dann aber um Gründe gegen ein freies christliches Handeln von "Nicht-Geweihten" geht, wird Schuster wiederum angeführt, denn Schuster sei ja nur als "Geweihter" berechtigt gewesen diese (laienpriesterlichen!) Sakramente zu vollziehen; ja sogar Ruhtenbergs ehemalige evangelische »Ordination« (= Amtseinführung!, die aber eben keine Weihe darstellt) wird dann plötzlich zur »Weihe« deklariert *(siehe z. B. Gundhild Kacer-Bock im »Goetheanum«, 10/1997)*.

Tatsächlich wird eigentlich nur in der CG *jegliches* kultisches Handeln ausschließlich den mit dem *eigenen* (nicht dem christkatholischen) CG-Weihe-Ritual geweihten Priestern zugebilligt; darunter fällt sogar die »Bestattung« - die als der nicht-sakramentale Teil (»Sakramentale«) des dreiteiligen Sterberituals selbst in der CG kein Sakrament ist (die »Letzte Ölung« ist das Sakrament) - und die in allen anderen Kirchen zum Vollzug keinen "geweihten" Priester braucht...

Letztlich ist der GANZE ORGANISMUS des *siebenfältigen* Sakramenten-Kreises frei christlich möglich und gegeben. [30] !

Ein allgemein-priesterlicher Weg

Rudolf Steiner zeigte mit diesem freien christlichen Impuls einen freiheitlichen und damit zukunftsgemäßen und eben auch kultushistorisch weiterschreitenden, weil kirchenunabhängigen, allgemein-christlichen, allgemein("laien")-priesterlichen Weg auf. [31]

---

[30] Da Ruhtenberg bald konvertierte, Schuster starb, die Anthroposophen vor allem uninformiert waren über die ganz anderen Aufgaben der CG und so das Engagement für freie Sakramente ausblieb, fehlten zur Siebenfältigkeit dann scheinbar noch Beichte und Weihe.
Der Organismus der Siebenheit der Sakramente verlangt nach seiner harmonischen Wesens-Ganzheit. Heute werden die Fragen nach der Sieben-Einheit auch für das laienpriesterliche, freie christliche Handeln wieder gestellt und (u. a. vom FK, bzw. von der IfcAG) auch praktisch gehandhabt. *Siehe Kultushandbuch.*
Die Antwort ergibt sich einerseits noch aus Rudolf Steiners Handhabung, indem er *gleiche* Texte an *unterschiedliche* Strömungen gab (als »Ausdruck verschiedener Lebenszusammenhänge«, *R.St.*). Wer was zuerst erhalten hat, spielt dabei keine Rolle! Da die CG auch Texte, die zuerst für den laien-priesterlichen Impuls bestimmt waren, erhielt, ist prinzipiell, unter dem Gesichtspunkt der Universalität dieser Texte, auch umgekehrt die Ergänzung des allgemein-priesterlichen Stromes durch die erst später im »Christlich-religiösen Kurs« *(GA 343-345,* an dem immerhin auch die freien christlichen Religionslehrer teilnahmen!!) offenbarten Texte berechtigt; das betrifft: Letzte Ölung, Lebensschau (»Beichte«) und, *wenn* es öffentlich gemacht/ zelebriert werden soll, die neu zu fassende Priester-Weihe als das Sakrament der »Verbindung« = als ggf. auch *textlich* gefasste »Weihe« *(siehe Kap. »Berechtigung Weihe?«)* (und ggf. auch als neu ins Bewusstsein zu hebende Erwachsenen-Taufe!?), die ja ansonsten als "Weihe" im freien christlichen Kultus immanent als eine im jeweils sakramentalen Handeln prinzipiell aktuell gegebene ist.
Somit sind alle sieben Sakramente auch grundsätzlich für den freien christlichen Strom vorhanden, aufgreifbar, gerade weil es "gleiche Texte" sind *(siehe auch Fußnote 60, sowie alle sieben Sakramente im »Kultus-Handbuch.«, s. S. 91).*
[31] Dass diese Sakramente an verschiedene Menschen/Institutionen gegeben wurden, ändert nichts an deren spirituelle Zusammengehörigkeit. Dass sie institutionell nicht zusammengebracht wurden (einerseits Schulhandlungen, andererseits Taufe, Trauung, Bestattung) lag daran, dass die Waldorfschule keine Kultus- sondern eine pädagogische Gemeinschaft, eine Schulgemeinschaft war und ist; während um das Zentralsakrament »Opferfeier« sich nun beide bemühen.

Diese Handlungen ermöglichen uns als Christen und Anthroposophen SEINEN Auftrag »Gehet hin, und taufet...« [32] zeitgemäß und mündig aufzugreifen, in dem wir unseren danach bittenden Mitmenschen eben *auch sakramental* beistehen, *ohne* einer spezifischen Konfession anzugehören - als *freie* Christen -, allein in Seinem Namen, in Seiner Nachfolge, *jedem* Bruder. [33]
SEIN und unser Ja dazu, kann dann zu einem intimen Sakrament, einer "priester"lichen-Tat-*Weihe* für den jeweils aktuellen Actus

---

Kultus wird in der Schule von den religiösen Gemeinschaften »exterritorial«, von außen herein getragen; so werden die »freien christlichen Schulhandlungen« offiziell von der Anthroposophischen Gesellschaft verantwortet und gehalten.
Taufe, Trauung, Bestattung erhielten einzelne Anthroposophen, die damit nicht in der religiös neutralen Schule missionieren gehen sollten und wollten, und die - tragischer Weise - in der Anthroposophischen Gesellschaft keinen Widerhall fanden; in der ja bis heute die "Hausaufgabe Kultus" offiziell nicht aufgegriffen wird. Und so gibt es auch zwischen dem »Forum Kultus« - als zurzeit einzige Initiative, die den freien christlichen Impuls heute öffentlich einbringt - und der offiziellen Anthroposophischen Gesellschaft, und erst recht der CG, seit Beginn nur die Strategie des Ignorierens, der Versuch des Totschweigens.
Siehe die Behandlung der Problematik weiter unten.
32 *Matth. 28,19-20.*
33 *Siehe Kap. »Berechtigung Weihe?«* !
Wir stehen damit vor einer immensen Aufgabe, die Christusbegegnung miteinander und die Qualität der Handlung jeweils so zu finden, dass ER sich wirk-lich damit verbinden kann. Denn natürlich kann nicht jedermann "mir nichts, dir nichts" Sakramente wirkungsvoll handhaben!! Das wird - in der Regel - ein langer Weg, ein intensives ER-Arbeiten und Schicksalswollen sein *(siehe die Sekundärliteratur zum Schulungsweg, u. a. zusammengefasst bei: Paul Eugen Schiller, »Der anthroposophische Schulungsweg«, Dornach, Verlag am Goetheanum).*
Selbstverständlich kann ein freies christliches »"Laien"-Priestertum« nicht auf Laienhaftigkeit beruhen. (»Laie« meint theologisch nicht den Dilettanten, sondern den "Nichtgeweihten", das urchristliche, »allgemeine Priestertum aller Christen«, d. h. die geistliche Gleichheit aller, prinzipielle Berechtigung eines jeden Christen seinem Mitmenschen auch sakramental beizustehen).
»Frei« wird hier im Sinne der »moralischen Intuition« eines »ethischen Individualismus« entsprechend der »Philosophie der Freiheit« (Rudolf Steiners) verstanden, derjenige der aus freier Einsicht in sein/das Schicksal, in das göttliche Wollen, selbstlos Verantwortung übernimmt ...
Schwarze Schafe ("Wölfe im Schafsfell") und Unfähigkeiten Einzelner können dabei nicht als Vorwand zur Disqualifizierung allgemeiner, christlicher Mündigkeit und Berufung dienen. (Schwarze Schafe gibt es auch - nicht wenige! - in allen Kirchen ..auch die CG reglementiert und suspendiert immer wieder ihre Priester!)
»An ihren Früchten werdet ihr sie erkennen!«

werden, die der Christus selbst [34] im Innersten des demütig Strebenden, unabhängig aller Institution, vollzieht. [35]
Die Frage der Befähigung und Berechtigung zum sakramentalen Handeln ist hier nun keine mehr die andere Menschen oder gar Institutionen beantworten können und sollen. [36]
Charakteristisch für diesen Impuls ist seine *direkte*, "laien"-priesterliche, damit urchristlich-*universale* und so auch überkonfessionelle Position und Wirksamkeit, seine Unabhängigkeit von irgendeiner Konfession. Er bindet allein an IHN und gehört damit nicht der irdischen Macht-, Besitz- und Rechtssphäre irgendeiner Institution an, weil er Sein Wirken Wollen in *jedem* Menschen-Schicksal *individuell* fassen kann, aus Seiner Höhe, einer Ebene auf der die Menschen nicht mehr in Konfessionen einsortiert werden.

---

34 Ob die Begegnung mit der Geistigen Welt immer auf höchster Ebene "mit dem Christus selbst" stattfindet, kann nur durch ein hellsichtiges Anschauen beurteilt werden. Unser Engel wird uns dabei gewiss gerne als Mittler beistehen, wenn wir dadurch Seinen Weg (und damit unseren) finden. Und vielleicht sollten wir "den Christus" nicht immer so fern von uns sehen... Ist ER nicht auch immer um und bei uns, ist nicht ER genauso auch unser Bruder, neben uns... !?
35 So gibt es auch hier eine (sogar wirksamere?, weil direkte) Weihe.
Auch das Urchristentum kannte keine spezielle und schon gar nicht kirchliche "Priester-Weihe", es gab lediglich Beauftragungen; das änderte sich erst mit der Konstantinischen Wende, als das Christentum Staatsreligion wurde. Hieraus resultiert auch Martin Luthers Postulat: »Was aus der Tauf krochen ist, das mag sich rumen, dass es schon Priester, Bischof und Papst geweihet sei.«
(Siehe dazu auch: Hans-Martin Barth, »Einander Priester sein - Allgemeines Priestertum in ökumenischer Perspektive«, Verlag Vandenhoeck & Ruprecht, 1990, bzw. Herbert Haag, »Worauf es ankommt«, Herder-Verlag.)
Es ist ein kultushistorischer Schritt ! :
»Was in der Entwicklung der Christenheit als Sehnsucht und Streben nach Laien-Priestertum immer wieder erstand - allerdings auch immer wieder verfolgt und schließlich zum Verschwinden gebracht wurde -, das hat hier durch Rudolf Steiner eine neue Keimlegung erfahren, die je nach der Schicksalsführung des Einzelnen ihre Früchte zeitigen kann.« *(Maria Röschl-Lehrs, GA 269, S. 131).*
Freies christliches, sakramentales Handeln ist nicht nur eine michaelische Zeit-Forderung, besonders an Anthroposophen; das »Sakrament der Weihe« ist auch tatsächlich dem Siebener-Kreis allgemein-"laien"-priesterlichen, freien christlichen Handelns eingegliedert: im jeweils konkret sakramentalen Handeln, aus der »moralischen Intuition« des individuell, authentisch, aus Liebe Handelnden *(siehe dazu, Kap. »Berechtigung Weihe?«)* !
36 *Dieter Brüll, »Bausteine für einen sozialen Sakramentalismus«, S. 138-139.*
Dies ist ein Prinzip allgemein-priesterlichen Wirkens.

Lebendiger Kultus

»Nehmen Sie auch so etwas als einen Anfang hin, und wissen Sie, dass da, wo man in ehrlicher Weise einen solchen Anfang will, sich schon auch die Kräfte finden werden zur Verbesserung desjenigen, was in einem solchen Anfange gegeben werden kann. (...) Es wird Ihnen aber gerade an diesem Beispiel klar sein können, wie überall eben aus dem Lebendigen heraus das Kultusartige gesucht werden muss. (...) Etwas Prinzipielles kann es im Leben der Welt überhaupt nicht geben, sondern es kann nur das sich in Leben Wandelnde geben. Das darf man nicht als eine Inkonsequenz betrachten, sondern als eine Forderung des Lebens selbst.« [37]

So entsteht jedem kultisch Strebenden die Frage, ob nun sich nicht auch das damals von Rudolf Steiner in Worte gefasste, freie christliche Kultus-Wesen gemäß der sich gewandelten Zeit ebenso lebendig gewandelt hat, bzw. wandeln will? [38]

Dann aber müsste auch seine gegenwärtig aktuelle Gestalt in »Form und Inhalt« gefunden werden. [39]

Würde man die Sakramente - mangels Einsicht - in ihrer "alten" Form belassen, wären sie nicht mehr *wahr*.

Andererseits stehen wir vor dem Problem, dass angemessene, eigene Einsichten, ER-Fassungen und Formulierungen oft noch unzureichend sind.

Bis wir so weit sind das reale übersinnliche Geschehen des sakramentalen Aktes selbst erblicken und in Erdenworte fassen zu können, dürfen wir dankbar auf die Gabe konkret formulierter

---

37 *Rudolf Steiner, GA 269, 1997, S. 37*, zu den freien christlichen - ebenso sakramentalen - Schulhandlungen.

38 »(Der Kultus,) der für viele Jahrhunderte der richtige war, (wird) es auch für viele Jahrhunderte noch bleiben (...). Die Dinge gehen nach und nach ineinander über. Aber das, was früher richtig war, wird sich nach und nach in ein anderes verwandeln, wenn die Menschen dafür reif werden.« (*Rudolf Steiner, 13.10.11, GA 131*).

39 Dass auch die Opferfeier weiter zu entwickeln wäre (würde sie außerhalb der Schulen gestellt) machte Rudolf Steiner René Maikowski (GA 269, 1997, S. 133) klar, als er ihm darlegte, dass »eine kultische Arbeit in der anthroposophischen Bewegung (...) eine Fortsetzung dessen, was in Form und Inhalt in der Opferfeier gegeben war ...« sei!

Texte eines Eingeweihten, auf die Fassungen Rudolf Steiners, blicken.

Dem kultisch Sensiblen wird bald spürbar, dass den Texten Rudolf Steiners eine Wesens-Wirklichkeit, eine Wahrheit, eine objektive Realität innewohnt, die einer übersinnlichen und klaren Erkenntnis dieses Kultus-Geschehens entspringen muss. »Es ist jedes Wort abgewogen, nicht nur so weit, dass es als Wort da steht, sondern es steht auch jedes Wort an seinem richtigen Orte und im richtigen Verhältnis zum anderen Worte.« [40] Denn dasjenige, was der Kultushandelnde »hier tut, ... seinen Kultus verrichtet, das hat sein Ursprungsbild in der anstoßenden übersinnlichen Welt, wo, während wir hier ... den irdischen Kultus verrichten, der himmlische Kultus verrichtet wird von der anderen Seite, von den Wesenheiten der anderen Seite des Daseins ... Nur dann ist ein Kultus eine Wahrheit, wenn er diesen realen Ursprung hat.« [41]

Diesen hat er durch die Realität Seiner An-Wesenheit in der *aktuellen* Kultushandlung. Sie ist ein Kind Seiner Gegenwart.

Nicht abstrakte, "ewig gültige Gesetze", sondern die am momentanen Geschehen beteiligten Menschen, die tatsächlich vorhandenen Impulse, Fragen, Bedürfnisse und Möglichkeiten [42] mussten und müssen ins Auge gefasst werden.

Das tat auch Rudolf Steiner und gab deshalb immer zeitgemäße Antworten.

Somit bleiben sie aber auch immer "nur" Zwischenstation.

Sie sind Ausgangspunkt für den grundsätzlich notwendigen, unvermeidbaren Schritt: unser Nachtasten der Evolution des Sakramentalen, das Erlauschen und Finden der gegenwärtig adäquaten Wortgestalt des entsprechenden Sakramentes.

Dann ist auch nötigenfalls ein dementsprechendes Individualisieren und Aktualisieren des Wort-Spiegels des Sakramentes möglich.

---

40 *Rudolf Steiner, 4.10.1921, Vormittag, GA 269, 1997, S. 25,* bezüglich der Kinderhandlung; doch hat diese Zwischenbemerkung gleich zu Beginn der Erklärung und Vorstellung - der ja zu allererst frei christlich und dann erst auch der CG *(im »Christlich-religiösen Kurs«, GA 343)* gegebenen Kultustexte der Schule - grundsätzliche Bedeutung.
41 *Rudolf Steiner, 27.6.1924, GA 236/19.*
42 So gab Rudolf Steiner, der jeweiligen Situation angemessen, z. B. Ruhtenberg einen anderen Tauftext als Johannes Geyer *(siehe diesen im Kultus-Handbuch)* !

Der Christus will immer zeitgemäß, individuell fruchtbar, wirkungsvoll und vor allem in Liebe wirken. Ein entsprechendes Streben wird Er inspirieren, begleiten und durchdringen!

Unvermeidbar bleibt also die Forderung mit diesen Worten meditativ, innerlichst, in aller Demut umzugehen und die Worte, der in einer bestimmten historischen und konkreten Situation geformten Sakramente, immer wieder aktuell und individuell zu ER-fassen, ...so schwierig dies auch sein mag.

Aber vielleicht zeigt sich dann doch auch eine Zeitlosigkeit des sakramentalen Geschehens (das mit einem viel längerem Atem wirkt als unsere kurzatmige Zeit), das, in der Fassung Rudolf Steiners auch heute noch, nur an ganz wenigen Stellen anzugleichen wäre. [43]

Berechtigung Weihe ?

Suchen wir einen Wurzelgrund und einen Manifestationsakt für ein christlich geschwisterliches, sakramentales Engagement verweist uns der Organismus der Sieben Sakramente auf das Sakrament der Weihe / der »Verbindung« [(R.St.)].

---

43 Rudolf Steiner forderte immer wieder, dass man seine dargebotenen Erkenntnisse nicht einfach nur glauben oder wie ein »Rezeptbuch« benutzen, sondern selbst nachvollziehen, selbst Erkenntnisse anstreben soll.
So ist auch ein Erarbeiten von Urteilsgrundlagen zu *dieser* Thematik nötig; schon deshalb, um zu überprüfen, ob die aktuelle Realität und Gestalt der Sakramente überhaupt immer noch so wie damals gegeben auch heute noch real, lebendig ist, oder ob wir vielleicht mit Unwahrheiten umgehen, weil wir naiv das Lebendige der Sakramente und damit deren Evolution und deren ggf. zwischenzeitliche Verwandlung übergehen (z. B. in der Trauung: Mann führe, Frau folge, oder die Nichtanerkennung der Taufe [der CG] durch die Ökumene [die es damals noch gar nicht gab] weil wir den inzwischen vereinbarten Minimalkonsens der Christenheit für die Taufe ignorieren, etc.).
Das ist natürlich eine Arbeit, die jeder auch selbst vollbringen muss. Mein [(VDL)] Nachtasten deutet auf einen nur geringen Aktualisierungsbedarf hin.
So finden sich im Kultus-Handbuch vor allem bei der Taufe und der Trauung im Anhang Anmerkungen mit Versuchen der Aktualisierung. Die Weihe spielt dabei eine besondere Rolle, da sie im freien christlichen Wirken dem Grundprinzip nach als ganz individuelles, momentan-direktes Geschehen aus der Wahrnehmung Seines Willens, nicht mehr institutionalisiert, textlich gefasst und liturgisch sicht- und hörbar gemacht wird. *Siehe ausführliche Behandlung im Info-Buch, s.S. 91.*

Was ist, wie entsteht aber die »Weihe« für den »freien« - überkonfessionellen! - Christen, der individuell, allgemein-priesterlich und doch sakramental wirkungsvoll [44] handelt?

Unsere Aufgaben und Möglichkeiten reichen *heute* tiefer und weiter.

Somit wird sich auch das ändern, was bisher dazu befähigte und berechtigte.

Die *alte* Amts-Priester-Weihe, als gleichzeitiger Anknüpfungsort der Einbindung in das hierarchische Zwei-Stände-Prinzip und einer speziellen Konfession, kann hierzu keine Grundlage mehr sein.

Paradox für eine freiheitliche und insbesondere anthroposophische [45] Perspektive ist dort das angeblich spirituelle, geistliche Mehr (»character indelebilis«), das dem Amts-Priester zugestanden / zugeschrieben und damit nicht nur eine bürokratische, amtskirchlich-hierarchische Höherstellung proklamiert, sondern auch ein esoterischer Führungsanspruch hergeleitet wird. [63/50/46]

Die neue, zukunftsweisende Weihe im Zeitalter der Bewusstseinsseele wird eine pfingstliche Weihe sein [47], ein herunter

---

44 Siehe dazu Fußnoten *15/21/22/28/61*.
45 (Es fand [VDL]) »die Weihnachtstagung zur Begründung der Allgemeinen Anthroposophischen Gesellschaft statt. Man kann verschiedene geistige Ereignisse in ihr finden. Vom kultischen Gesichtspunkt aus ist es eine Art 'Weihe' der Anthroposophischen Gesellschaft durch die anthroposophische Bewegung, der Michaelsgemeinschaft auf Erden durch die Michaelsbewegung aus der geistigen Welt, die Grundsteinlegung aus der göttlichen Trinität zu einer neuen Würde der anthroposophisch strebenden Individualität. In ihr sind Hirtentum *und* Königtum miteinander verbunden.« (*Friedrich Benesch, »Das Religiöse der Anthroposophie...«, S. 89*).
46 »Es steht jedenfalls fest, dass bei den älteren (Kirchen-) Vätern irgendwelche Spuren von einem ›character indelebilis‹ oder einem ›Sakrament‹ der Priesterweihe nicht nachzuweisen sind, und wo man Derartiges zu finden meint, handelt es sich um Missverständnisse. ... Der Nachweis, wie ein Sakrament, von dem vierhundert Jahre lang in der Kirche nichts wahrzunehmen ist, von Christus eingesetzt, ja ein ›Grundamt der Kirche‹ sein kann, muss den Dogmatikern anheim gegeben werden. Für den Exegeten ist die Sache längst klar.« (*Hans von Campenhausen, »Die Anfänge des Priesterbegriffs in der alten Kirche«*).
47 »Es handelt sich hier um Zusammenhänge, die eine Frage nach der Wirksamkeit ganz neuer Ätherkräfte nahe legen. Man wird in diesem Zusammenhang daran denken, wie das Blut des Christus, das am Karfreitag vom Kreuz in die Erde floss, sich vollständig ätherisierte und der Christus-Impuls ›als eine Substanz‹, als *Christus-Äther*, zu den vier 'alten' Ätherarten hinzutritt. Als ›moralische Äther-Atmosphäre‹ ist er mit der Moralität der Menschen verbunden und als neuer

flammendes Tat-Sakrament, ein Sakrament der »Verbindung«, in dem Er sich meiner Tat verbindet, weil ich Seinen Willen »gehet hin und taufet...« in Liebe ausführe und Ihm als Werkzeug selbstlos und verbindlich zur Verfügung stehe.
»An ihren Taten werdet ihr sie erkennen!«
Werden wir um einen sakramentalen Dienst gebeten,
sehen wir uns in der Ver-antwort-ung zu handeln!
»Was ihr dem Geringsten meiner Brüder getan habt,
das habt ihr mir getan.« [48]

»Begegne ich ihm (dem anderen) so, dass ich bereit bin, mein Bewusstsein (zeitweilig) für ihn zu opfern, dass seine Entfaltung mir also wichtiger ist als die meine, vollziehe ich - indem ich für ihn ersterbe - in gewissem Sinne eine Nachfolge Christi. Dann nah ich ihm in Seinem Namen. Dann werde ich im gleichen Augenblick von Christus selber zum Priester geweiht: Seine Gegenwart ist Weihe - in diesem Augenblick und für diesen Augenblick. Im Gegensatz zum Amtspriester, der für sein ganzes Leben geweiht wird (und damit auch dem gesellschaftlichen Kräftespiel entzogen sein soll), gilt die Weihe des sozialen Priesters nur für jene Zeitspanne, in der er 'agapisch' einem Mitmenschen begegnet. Jede neue Begegnung wird ihn wieder vor die Probe stellen: Wie bist du mit Ihm zusammen? Es ist ein inneres, ein mystisches Erlebnis dieses Menschen. Kein Kreis von Priestern umringt ihn, kein Recht auf die Weihe kann erworben werden, keine gelungene sakrale Handlung berechtigt zu einer folgenden, wie sehr man es sich auch zum Beruf machen kann, jedem Menschen in Seinem Namen zu

---

Lebenskeim der Erde und der Leiblichkeit der Menschen eingestiftet. ... Von diesem lebendigen Band umfasst zu werden, ist die recht verstandene Sukzession. Das kann man erst durch die Anthroposophie so verstehen und gewinnt dadurch einen neuen (modernen) Sukzessionsbegriff, für den manches früher entscheidend Wichtige unwesentlich wird. Um den Anschluss an die geistige Ahnenreihe zu den Aposteln hin herzustellen, kann das Anknüpfen an das äußerlich historische Band der Handauflegung nicht wesentlich und ausschlaggebend sein.« (Michael Debus [em. Leiter des Priesterseminars der CG], »Anthroposophie und die Erneuerung der christlichen Kirche«).
48 »Anthroposophie erfordert als Sache wirklich menschliche Brüderlichkeit bis in die tiefsten Tiefen der Seele hinein. Sonst kann man sagen: Ein Gebot ist die Brüderlichkeit. Bei Anthroposophie muss man sagen: Sie wächst nur auf dem Boden der Brüderlichkeit..« *(Rudolf Steiner, 11.6.1922).*

begegnen. Und nur das, was sich bei der Begegnung mit dem andern ereignet, gibt Antwort auf die Frage, ob hier ein 'Priester' zelebriert hat. Es ist auch sonst ein Geschehen in denkbar größter Einsamkeit. Der andere, die anderen sind ja nur die Auslöser.
Die soziale ^(allgemein-christliche) Priesterweihe ist ein Sakrament,
das, im übertragenen Sinne,
der Christus unter vier Augen vollzieht.« [49]

Die »*freie* christliche« Weihe
ergibt sich immer ganz individuell aus der Zwiesprache mit IHM und kann niemals von außen dekretiert werden.

Sie gründet in der LIEBE und der FREIHEIT, in der »moralischen Intuition« innerhalb eines »Ethischen Individualismus« (wie ihn Rudolf Steiner in seiner »Philosophie der Freiheit« beschrieb).

Deshalb kann dieser freie christliche Impuls nicht institutionalisiert werden, bleibt er immer ein individuelles Ergreifen;
auch wenn man selbstverständlich die Freiheit hat und es praktisch und sinnvoll ist, sich mit Gleichgesinnten in einer Kultus-Trage-Gemeinschaft zusammen zu tun ...

Keine »Weihe« erhebt mich automatisch durch ein institutionell verliehenes Amt, sondern durch meine selbstlose, geschwisterliche Liebes-Tat [50], die kultische Antwort ist, die Er durch mich - als Sein Werkzeug - dem Nachfragenden gibt.

Die freie christliche Weihe [51] ist dadurch vielleicht auch dasjenige, was in der mündig ergriffenen »*Erwachsenen-Taufe*« lag und

---

49 *Dieter Brüll, »Bausteine für einen sozialen Sakramentalismus«, Verlag am Goetheanum, vergriffen.*
50 Deshalb möchten wir auch kein "Honorar" für unsere sakramentalen Handlungen: 1. gebe ich nur weiter was auch ich - als lediglich Vermittler - geschenkt bekommen habe, 2. soll zwischen Gott und dem Sakramentsempfänger nicht der Mammon treten (und sein Unheil anrichten) können!   Natürlich entstehen reale Auslagen/Unkosten, die - wenn gewünscht - gerne erstattet werden dürfen ... !
Siehe auch *1.Kor./13* ! ... ohne die Liebe wäre ich nur scheppernde Schelle ..
51 Steiner nennt die »Weihe« in seiner Ausführung »Involution-Evolution« ^(GA 343) auch das Sakrament der (Wieder-)»Verbindung« : Ich proklamiere und greife - in diesem Leben - wieder (ggf. erstmalig) mit nun ER-wach-senem, wachem Bewusstsein mein aktives Eintreten für des Christus Wirken auf. Dieses Bekenntnis bleibt/ist nicht passiv, sondern wird zum geschwisterlichen, christlichen Handeln. Und das ERfordert ggf. auch die sakramentale = priesterliche Zuwendung.

liegen wird, weil ich mich - entgegen dem Neugeborenen - nun voll bewusst und willentlich zu dem Christus bekenne ...

Erst wenn sie (als Weihe / Erwachsenen-Taufe) *öffentlich gemacht* und/oder wenn sie auch zur Aufnahme in eine bestimmte, aktive Kultus-Trage-Gemeinschaft führen soll, ergäbe sich ggf. die Frage nach einem dies wahrhaftig real schildernden, manifestierenden Text und der entsprechenden Liturgie.
Diese Bedürfnisse sind bisher noch nicht aufgetaucht.

Des Weiteren stellt sich die Frage,
wo neben dem liturgischen, kultischen Dienst der seelsorgerische und soziale Einsatz bleibt, die Liebe und Fürsorge für einander [52]; denn auch diese Aufgaben gibt ER uns.
Aber das ist noch nicht alles.
Neben der Sorge für/um den Mitmenschen kommt diejenige, die der ganzen Schöpfung entgegengebracht wird;
und so wird Christ-Sein letztlich auch politisch;
Christ-Sein umfasst eben *alle* Lebensbereiche...

Trotz alledem: Wie sich Christ-Sein und insbesondere ein freies christliches, sakramentales Handeln jeweils subjektspezifisch und konkret gestaltet, wie es erarbeitet und wie es angeboten wird, kann nicht vorgeschrieben werden; das können und müssen allein die Betroffenen individuell, in aller Freiheit selbst erlauschen, erbitten, bestimmen, in innerer Zwiesprache mit IHM.
Aber auch die konkrete Nachfrage wird das Angebot regeln [53].

Ich werde bewusst zum Werkzeug Christ, das ist die mündige Taufe und Weihe!
52   Das ist natürlich eine Aufgabe, eine Frage an die gesamte anthroposophische Bewegung und nicht nur an ein bestimmtes Arbeitsfeld. An dieser Stelle kann nur darauf hingewiesen werden, dass sich dazu in der anthroposophischen Bewegung bereits ein eigenes Tätigkeitsfeld, das des Biografieberaters, herausgebildet hat, abgesehen vom weiten Feld anthroposophisch sozialer Berufe, bis hin zum anthroposophisch orientierten / ausgebildeten Psychotherapeuten ...
53   Hochstapler, Unwürdige, etc. werden erkannt und dann nicht mehr gefragt werden, die Spreu wird sich so vom Weizen trennen! Denn - wie auch z. B. den Arzt, den Lebens-, Biografieberater, etc. - ein jeder Suchende kann und wird sich auch für die kultischen Hoch-Zeiten den Handelnden seines Vertrauens selbst suchen. Und so soll, z. B. im Netzwerk - des Forum Freier Christen - im Internet, sich deshalb zur Vorinformation ein jeder Handelnde auch ausführlich vorstellen.

Gott offenbart sich in einer Vielfalt, die er sich nicht durch die Dogmatik irgendeiner speziellen Gemeinschaft / Weltanschauung, oder vorgeschriebener Texte / Formen einschränken lassen wird. Wir können Ihm überall begegnen. [54]
Jedem Seinen Weg.. an seinem Platz, auf seinem Kreuzweg, in der Liebe, und somit auch der Toleranz zum - vielleicht auch ganz anderen - Weg des DU.

Zwei Strömungen

So können diese universalen Steiner'schen Fassungen
auch unterschiedlichsten Perspektiven und Menschengruppen,
d. h. »verschiedenen Lebenszusammenhängen« [R.St.] dienen.

So sah das auch Rudolf Steiner und deshalb konnte er, als und weil er gefragt wurde, neue Sakraments-Texte - überwiegend sogar wortgleich (!) [55] - problemlos *zwei* ganz wesens- und aufgabenverschiedenen Strömungen geben:

- *allgemein-priesterlich* :

1. individuell: kultisch engagierten Anthroposophen
und 2. institutionell: in Verantwortung der *inter* religiösen Anthroposophischen Gesellschaft für die Waldorf-Schulen und Heime, als »allgemein in die Menschheit hineingestellt« [56]

In der Regel ergibt sich eine Nachfrage meist aufgrund persönlicher Beziehungen. Daran knüpft sich auch die Frage der Aus-/Fortbildung *(siehe ausführlich dazu die Hinweise zur Initiative Freie christliche Arbeits-Gemeinschaft im Info-Buch, s.S. 91)*.
54   Fragt ein Chassid den Rebbe: »Wo wohnt Gott ?« Fragt der Rebbe: »Wo wohnt ER nicht ?« *(Martin Buber)*.
55   Rudolf Steiner gab die zu allererst frei christlich gefasste Taufe, Trauung, Bestattung, Sonntagshandlungen für die Kinder und Jugendfeier (Konfirmation) dann (fast) *textgleich* auch der CG.
56   Zum freien christlichen Prinzip (in dem auch die »Jugendfeier« steht) sagt Rudolf Steiner »dass (hier) der Mensch ganz allgemein in die Menschheit hineingestellt wird, nicht in eine bestimmte Religionsgemeinschaft; die ›Christengemeinschaft‹ (wie jede Kirche [Anm. VDL]) aber stellt ihn in eine bestimmte Religionsgemeinschaft hinein.« *(GA 265, S. 38)*. Dieser freie christliche Weg wurde vor allem auf Fragen von Kirchen-»Dissidenten« - nicht nur Anthroposophen! - gegeben, die im konfessionellen Rahmen der bestehenden Kirchen keine Heimat, nicht genügend Tiefe fanden und einen überkonfessionellen Weg suchten.

und dann - da es »Bevölkerungskreise gibt, die *nicht* innerhalb der anthroposophischen Bewegung stehen« [57/58] -

- *kirchlich-priesterlich* :

in traditioneller Weise, der - von insbesondere evangelischen Theologen und Anthroposophen mit Steiners »privater« [59] Hilfe begründeten - Kirche »Die Christengemeinschaft«.

Rudolf Steiner forderte jedoch klar dazu auf, es als »lehrreich« zu betrachten, dass das *gleiche* Ritual [60/61] als »Ausdruck *verschiedener* Lebenszusammenhänge« verwendet werden könne !

---

57   *Rudolf Steiner, 30.12.1922, GA 219.*

58   »Es kommt also darauf an, denjenigen Menschen etwas zu geben, die zunächst - man muss da die historisch gegebene Notwendigkeit ins Auge fassen - nicht in der Lage sind, unmittelbar den Gang zur anthroposophischen Bewegung anzutreten. Für sie muss durch Gemeindebilden in herzlichem, seelischem und geistigem Zusammenwirken der Geistesweg gesucht werden, welcher heute der der menschlichen Entwickelung angemessene ist.«   Steiner sieht die CG als »Vorschule« zur Anthroposophie *(Rudolf Steiner, 30.12.1922, GA 219).*

59   »Darauf rechnend also, dass die anthroposophische Bewegung das bleibe, was sie war und was sie sein soll, gab ich, unabhängig von aller anthroposophischen Bewegung, einer Anzahl von Persönlichkeiten, die von sich heraus, nicht von mir aus, für die Bewegung für religiöse Erneuerung wirken wollten, dasjenige, was ich in der Lage war zu geben in bezug auf den Inhalt desjenigen, was eine künftige Theologie braucht: den Inhalt auch des Kultusmäßigen, das eine solche neue Gemeinschaftsbildung braucht. .. Das, was ich diesen Persönlichkeiten gegeben habe, hat nichts zu tun mit der anthroposophischen Bewegung. Ich habe es ihnen als *Privatmann* gegeben, und habe es so gegeben, dass ich mit notwendiger Dezidiertheit betont habe, dass die anthroposophische Bewegung mit dieser Bewegung für religiöse Erneuerung nichts zu tun haben darf; dass aber vor allen Dingen nicht ich der Gründer bin dieser Bewegung für religiöse Erneuerung. .. Sie ist eine Bewegung, die aus sich selbst heraus entstanden ist, und die die Ratschläge von mir bekommen hat aus dem Grunde, weil, wenn jemand berechtigten Rat auf irgendeinem Gebiete fordert, es Menschenpflicht ist, wenn man den Rat erteilen kann, ihn auch wirklich zu erteilen.«   *(Rudolf Steiner, 30.12.1922, GA 219, S. 169). Siehe den vollständigen Vortrag in «Anthroposophie und Kirche», s.S. 92.*

60   *(GA 265, 1987, S. 38.)*   Hier ging es um die - allgemein-/laienpriesterlich durchgeführte - Jugendfeier gegenüber der kirchlichen Konfirmation der CG, mit dem gleichen Text.

Diese Feststellung betrifft aber eine grundsätzliche Ansicht Steiners und alle durch ihn erneuerten Sakramente.

Auf Erden dienen die unterschiedlichen Kultusströmungen den Bedürfnissen bestimmter Zielgruppen, auf höherer, kosmischer Ebene, vor Michael, sind sie aber wieder eins. So konnte z. B. Jesus Christus das Vaterunser - mit gleichem Text -

Denn allein und nur der *Text* ist zwar (fast) [62] der gleiche, <u>alles</u> andere aber anders! [63/64]

---

für <u>alle</u> Christen, für unterschiedlichste Bewusstseinsebenen, Seelenstimmungen und Konfessionen geben: *ein* Text für alle!
61 *Siehe Fußnote 76.*
62 *Siehe Fußnote 55.*
63 Ein wesentlicher Unterschied zur interreligiösen AG ist der Status der CG als Kirche (als »Körperschaft des öffentlichen Rechts« ist die CG auch staatlich anerkannte »Kirche«). Zudem steht »Die Christengemeinschaft« in einer Reihe mit den konservativen - eben auch der römisch-katholischen - Kirchen, indem auch in ihr das »Zwei-Stände-System« von Klerikern und Laien besteht.
Typisch ist hier ein exklusives Priester-Prinzip, die herausgehobene Hirten-Aufgabe des Priesters, die Rudolf Steiner folgend vorgab: »Sie werden so wirken können, dass sie nun wirklich ihre Gemeindekinder innerlich, gemüthaft an sich ketten können. Wenn ich sage "ketten", so bedeutet das nicht, Sklavenketten anzulegen. Dazu gehört allerdings, dass die Gemeindemitglieder durch sie das Bewusstsein bekommen, in einer gewissen Brüderlichkeit zu leben. Die Gemeinden müssen konkrete brüderliche Gefühle in sich haben und sie müssen ihren Prediger-Leiter [Priester - Anm. VDL] als eine selbstverständliche Autorität anerkennen, an die sie sich auch wenden in konkreten Fragen. ... Es muss möglich werden, dass man das Gefühl hat, man bekommt eine Art Direktive aus der geistigen Welt heraus, wenn man den Prediger fragt.« *(Rudolf Steiner, 13.6.1921, GA 342, S. 51).*
Dieses »Zwei-Stände-System« wird von Rudolf Steiner als Prinzip sogar innerhalb der Priesterweihe der CG festgeschrieben *(22.9.1922, Vormittag, GA 344, S. 251-252, Auszug aus dem Akt der Barett-Übergabe innerhalb der Priesterweihe der CG)* : »Das Sinnbild, das du jetzt empfängst, drückt dein anderes Verhältnis von dir aus, zu den Menschen, für die du dein Amt verwaltest. Das heißt, du hast durch die vorhergehenden Ritualien deine Gemeinschaft mit der göttlichen Wesenheit erhalten. Durch dieses Zeichen erhältst du deine Macht über diejenigen, die sich dir anvertrauen als Gemeindeglieder. Du führst sie kraft des Amtes, das symbolisiert ist in dieser Behütung deines eigenen Hauptes. Du trägst dieses immer, um auszudrücken dieses dein Verhältnis zu der Laiengemeinschaft ...«
Neben dem kirchlichen Amt - gegenüber dem allgemein-geschwisterlichen "Laien"-Priestertum *(siehe Kap. »Berechtigung Weihe?«)* - ist ein wesentlicher Unterschied außerdem dem »direkte« Kommunion in der Opferfeier, gegenüber dem »indirekten« Kultus der traditionellen Messe, auch der »Menschenweihehandlung« der CG. Hier - wie in der katholischen Messe - wird zunächst Brot und Wein gewandelt, die dann dem Kommunikanten gereicht werden und nach Einnahme der Substanzen in ihm wirksam sind und so in der Folge auch ihn selbst wandeln können. Beim »direkten« Typ (wie in der Opferfeier) vollzieht sich die Wandlung *direkt* an Leib und Blut des Kommunikanten (hier konzentriert im Moment der Handauflegung). (»Es wäre unrichtig zu meinen, in der Opferfeier gäbe es keine Substanzen. Sie sind da [jedoch] in der Gestalt des Leibes und des Blutes des Menschen [selbst] ... « *Maria Röschl-Lehrs, »Ritualtexte...«, Kap. »Zur Opferfeier«, GA 269.) Siehe auch Fußnote 64.*

Während die »Schulhandlungen« in den Freien Waldorfschulen und heilpädagogischen Heimen seitdem bis heute treu gehalten werden (allerdings seit einiger Zeit immer weniger Zuspruch finden), war es jedoch schon bald fast unmöglich, die außerschulischen, "freien" Sakramente - Taufe, Trauung, Bestattung - zu wählen, zu empfangen, bzw. zu spenden;
denn die Kirche »Die Christengemeinschaft« bestand schon bald auf ein Monopol auf die von Rudolf Steiner gefassten Sakramenten...

Exkurs:
Probleme mit der »Christengemeinschaft«

Der freie christliche Weg wurde von Rudolf Steiner als der »spezifisch anthroposophische« charakterisiert.

Das ist für die Liturgie des Gottesdienstes / der Messe ein Umbruch kultushistorischen Ausmaßes. ... auch wenn auch dieser weitergehendere Schritt nur eine Zwischenstation hin zur »Sakramentalisierung des ganzen Lebens« ist.
64 Siehe u. a. Gerhard von Beckerath, »*Gespräch als Kultus*«, S. 29 :
Vergleich von Messekultus und neuem, zeit-not-wendigem Kultus :
MESSEKULTUS :   1. Der Gottesdienst senkt sich von oben nach unten.   2. Die Vollziehenden wenden sich nach oben.   3. hierarchische Gliederung, Laien und Kleriker.   4. frontaler Kultus (hintereinander angeordnete, gerade Reihen mit Blick zum Altar).   5. Priester wendet Gemeinde Rücken zu, der einzelne befindet sich im individuellen Nachvollzug.   6. Diese Kultusgemeinschaft nennt man Gemeinde.   7. Genau vorgeschriebener Kultustext und -form.   8. (^{VDL}:) »indirekter Kultus« (a. Wandlung Brot & Wein, b. diese werden eingenommen und wandeln dann den Leib des Kommunikanten).
NEUER KULTUS (hier als »Fußwaschungs-Kultus« bezeichnet) :   1. Christus als die neue Sonne auf Erden, strahlt von hier in uns und den Kosmos: von unten nach oben.   2. Der Teilnehmer wendet sich dem anderen Menschen zu, er wirkt im Horizontalen.   3. Es gibt keine Hierarchie beim Vollzug des Kultus oder der Organisation. Jeder ist Diener des anderen. Der Vollzug ist unabhängig von jeder Institution; jede ihn vollziehende Gruppe ist autonom.   4. Man befindet sich in einer Situation des Gegenübers oder des Kreises.   5. Jeder ist - sich der geistigen Welt zuwendend - Priester, für den anderen und für sich.   6. Man strebt zur Geschwisterlichkeit als Kultus-Schale.   7. Dogmatische Vorgaben kann es nicht geben.   8. (^{VDL}) »direkter Kultus« (keine »Substanzen«, Wandlung ergreift direkt Leib und Blut und Geist und Seele des Kommunikanten).
(Zusammenfassung VDL, aus Gerhard von Beckerath, »Gespräch als Kultus«.)

Doch er verband auch große Hoffnungen und Sympathien mit der Kirche »Die Christengemeinschaft« : nämlich als alternative *kirchliche* Vorbereitung für diejenigen, die einen Weg in die Anthroposophie *noch* nicht *direkt* finden konnten oder auch gar nicht wollten. [71]

Umso größer später die Enttäuschung... Denn schon bald nach deren Begründung platzten Illusionen, entstanden unerwartete Probleme und Konflikte:

Innerhalb der Anthroposophischen Gesellschaft vermissten nämlich viele Mitglieder die Ausbildung der sozialen Mitte, des praktisch religiösen Elementes bis hin zum kultischen Handeln, das lediglich eine kurze Zeit von Schuster und Ruhtenberg relativ unbekannt gehandhabt und nie als eine eigene und erst recht nicht als eine gemeinschaftsbildende Aufgabe der anthroposophischen Bewegung erkannt und ergriffen wurde.

Dann kam die Begründung einer aus den Erkenntnissen der Anthroposophie heraus esoterisch, kultisch »erneuerten Kirche«.

Und nun vermeinten viele Anthroposophen endlich eine zeitgemäße, religiöse Heimat - ihre/die "Anthroposophen-Kirche" - bekommen zu haben.

Dem aber widersprach Rudolf Steiner - wenngleich erfolglos - in eindringlicher Weise in einem Vortrag am 30.12.1922 :

»Die Christengemeinschaft« sei als eine ganz eigenständige Kirche gerade für diejenigen gedacht, die *außerhalb* der anthroposophischen Bewegung ständen [65], als eine »Bewegung für religiöse

---

65 »So muss im strengsten Sinne des Wortes das verstanden werden, dass sich neben der anthroposophischen Bewegung eine andere Bewegung aus sich selbst heraus, nicht aus der anthroposophischen Bewegung heraus begründet hat, begründet hat aus dem Grund, weil außerhalb der Anthroposophischen Gesellschaft zahlreiche Menschen sind, die den Weg in die anthroposophische Bewegung hinein selber nicht finden, die später mit ihr zusammenkommen können. ... Nebenher ... könne eine solche Bewegung für religiöse Erneuerung gehen, die ganz selbstverständlich für diejenigen, die in die Anthroposophie hinein den Weg finden, keine Bedeutung hat, sondern für diejenigen, die ihn zunächst nicht finden können. ...

Aber nach jeder Richtung hin muss diese Bewegung für religiöse Erneuerung von Menschen getragen werden, die noch nicht den Weg in die Anthroposophische Gesellschaft hinein finden können. ... dass streng darauf gesehen wird, dass die Bewegung für religiöse Erneuerung nach allen Richtungen in Kreisen wirkt, die

Erneuerung«, die zwar einen aus der spirituellen Tiefe der Anthroposophie geschöpften Kultus zu pflegen habe, aber in jeder Hinsicht eine autonome Kirche sein solle, für die Menschen, die gerade *nicht* bereits die interreligiöse Anthroposophie suchten.

»Diejenigen, die den Weg einmal in die Anthroposophische Gesellschaft gefunden haben, brauchen keine ›religiöse Erneuerung‹.« [66]
Denn die Anthroposophische Gesellschaft ist als eine »interreligiöse«, geisteswissenschaftliche Forschungsstätte, eine Gemeinschaft nach objektiver Erkenntnis Strebender zu verstehen, völlig unabhängig deren, bzw. einer Religion oder christlichen Konfession.
Eine *spezielle* Religion oder (gar die CG als) Kirche <u>der</u> Anthroposophen gibt es nicht, das ist »Privatsache« jedes Einzelnen! [67]
Jedem Seinen Weg!

Die Frage wäre gewesen: Wie müsste denn ein »spezifisch anthroposophischer« und damit überkonfessioneller Weg aussehen, wie können / müssen wir diesen gestalten?

Die Tragik war: Es gab den Weg, aber man sah ihn - uninformiert - durch die Begründung der »Christengemeinschaft« - als "eine doch von Rudolf Steiner gegebene", legitimierte, nun endlich "anthroposophische Kirche" - als überholt an. Das Gegenteil war der Fall...

Statt - wie erhofft - als dritte Kraft zwischen den Staatskirchen spirituell offenen, suchenden Menschen eine freiheitliche und esoterisch und kultisch vertiefte Alternative und Erneuerung zu bieten, rekrutierte die »Christengemeinschaft« ihre Mitglieder - bis heute - maßgeblich aus der Anthroposophen- und Waldorfscene, weil sie außerhalb dieser relativ erfolglos blieb! [68]

---

außerhalb der anthroposophischen Bewegung liegen.« *(Rudolf Steiner, 30.12.1922, GA 219).* Siehe den vollständigen Vortrag auch hier in der ANLAGE.
66   *Rudolf Steiner, 30.12.1922, GA 219.*
67   Siehe Fußnote 10.
»Die Sache ist so klar, wie nur irgendetwas. Die Christengemeinde *(Christengemeinschaft -* [VDL] *)* ist etwas, was mit der Anthroposophischen Gesellschaft nicht das Geringste zu tun hat. Und auch nicht etwas, was mit der Anthroposophischen Gesellschaft zusammenhängt. Die Christengemeinde ist etwas für sich Bestehendes. Zur Anthroposophischen Gesellschaft steht die Christengemeinde in keinem anderen Verhältnis als der Katholizismus oder die Quäker.« *(Rudolf Steiner, zu den Religionslehrern der Freien Waldorfschule Stuttgart, 9.12.1922, nach stenografischen Aufzeichnungen Karl Schuberts, »Zur religiösen Erziehung - Wortlaute Rudolf Steiners« [vergriffen]).*

Die »Christengemeinschaft« wurde dadurch auch faktisch zur "Anthroposophen-Kirche" [69/70] und für - viel zu viele - potenziell Interessierte befremdlich, exklusiv und für Außenstehende und für die Öffentlichkeit zur »Sondergemeinschaft«, zur "Sekte".

Die Klarstellungen Steiners erreichten die Anthroposophen nur ungenügend, weil zu spät (und teils gar nicht) [71] ..und verpufften.

Die Folgen der u. a. nicht ausgebildeten Mitte traten schon gleich nach Steiners Tod zutage: Die Anthroposophische Gesellschaft wurde in dramatischer Weise verdunkelt und gespalten. [72]

---

68 »...weil es ihr nicht gleich gelingt, unter Nichtanthroposophen Bekenner zu finden, nun ihre Proselyten innerhalb der Reihe der Anthroposophen macht.« *(Rudolf Steiner, 30.12.1922).*
69 *Siehe Wolfgang Gädeke, em.* »Lenker« (!) *der CG (in Flensburger Hefte, So.heft 9, S. 67)* : »Aber das eigentliche Ärgernis (für den Anthroposophen - [VDL]) dahinter ist, dass der Anthroposoph hören muss, wenn er Religion pflegen will, gibt es im Grunde keine Alternative zur Christengemeinschaft.«
70 »Dasjenige, was ich jetzt als Konsequenz sage, war zu gleicher Zeit die Voraussetzung für das Handbieten zur Gründung der Bewegung für religiöse Erneuerung, denn nur unter diesen Bedingungen konnte man die Hand dazu bieten. Wenn diese Voraussetzung nicht gewesen wäre, so wäre durch meine Ratschläge die Bewegung für religiöse Erneuerung niemals entstanden. Daher bitte ich Sie, eben zu verstehen, was es notwendig ist, dass die Bewegung für religiöse Erneuerung wisse: dass sie bei ihrem Ausgangspunkte stehen bleiben müsse, dass sie versprochen hat, ihre Anhängerschaft außerhalb der Kreise der anthroposophischen Bewegung zu suchen ...« *(Rudolf Steiner, 30.12.1922, GA 219).*
Siehe den vollständigen Vortrag auch hier in der ANLAGE.
71 Der aufklärende Vortrag Steiners am 30.12.1922 wurde innerhalb der Gesamtausgabe *(GA 219)* - also für alle verfügbar - erst 1927 (!) veröffentlicht.
72 »Denn die Anthroposophische Gesellschaft wird von demjenigen nicht verstanden, der sich nicht so auffasst, dass er ein Rater und Helfer sein kann dieser religiösen Bewegung, dass er aber nicht unmittelbar in ihr untertauchen kann.
Wenn er dieses tut, so arbeitet er an zweierlei: Erstens arbeitet er an der Zertrümmerung und Zerschmetterung der Anthroposophischen Gesellschaft, zweitens arbeitet er an der Fruchtlosigkeit der Bewegung für religiöse Erneuerung.« *(Rudolf Steiner, 30.12.1922, GA 219).*
Siehe den vollständigen Vortrag auch hier in der ANLAGE.
Nach dem Tode Steiners brach ein Machtkampf zwischen den verschiedenen Flügeln der AG aus (ganze Landesgesellschaften und sogar von Rudolf Steiner eingesetzte Vorstandsmitglieder der AG wurden ausgeschlossen), der über Jahrzehnte eine lähmende Dunkelheit über die Anthroposophische Gesellschaft legte. Man hatte die Mitte, den liebenden Christus, IHN im DU nicht wirksam werden lassen können... man hatte die "Religion" abgegeben und scheinst verloren...

Seither wurde ein freier christlicher, spezifisch anthroposophischer Weg außerhalb der »Schulhandlungen« seitens eines Großteils der Anthroposophenschaft - die nun zusätzlich Mitglieder der »Christengemeinschaft« geworden waren - und verständlicher Weise seitens der Institution »Die Christengemeinschaft« tabuisiert und bis heute relativiert, kategorisch abgelehnt und verschwiegen...
73/74/75/76/77

---

73 Wer das Monopol der CG hinterfragte und freie Wege forderte, wurde öffentlich in den Publikationen der CG (»Die Christengemeinschaft«, sowie in verschiedenen CG-Gemeindeblättern und CG-Infos [noch bis heute]) und der AG (»Die Drei«, »Das Goetheanum«, s. *Fußnote 91*), insbesondere von Autoren aus der CG, mit suggestiven Behauptungen und oftmals Halb- und sogar Unwahrheiten diskreditiert und dogmatisch ausgegrenzt, und zwar ohne das Angebot oder ein Recht auf Richtigstellung oder gar Darstellung der eigenen Perspektive. Und so blieben und bleiben selbst - und gerade - prominente Befürworter des freien christlichen Impulses in Deckung, um die Freunde in der CG nicht zu irritieren, den "Frieden zwischen den beiden Bewegungen" zu gefährden, Unfrieden zu stiften und - auch geschehen - ausgegrenzt zu werden.
Momentan legt sich die Offensivität und man versucht das Thema und unsere Bemühungen - vor allem seitens der CG, bzw. deren Mitglieder (die ja aber fast alle auch Mitglied der AG sind...) - totzuschweigen.
So versuchte die CG auch - letztlich dann doch erfolglos - die Herausgabe der »Vorträge und Kurse über christlich-religiöses Wirken« Rudolf Steiners (GA 342-346) durch die Rudolf-Steiner-Nachlassverwaltung zu verhindern, in denen Steiner die Bedingungen und Grundlagen für die Begründung der CG darlegte. (Obwohl diese Kurse ebenso von Waldorflehrern und anderen besucht wurden, werden diese Vorträge seitens der CG als "ihre" »Priesterkurse« tituliert und allein, exklusiv beansprucht.)
74 Immer wieder wird - vor allem von Persönlichkeiten aus und der »Christengemeinschaft« - behauptet, aber nicht belegt, dass Rudolf Steiner die an Ruhtenberg und Schuster gegebenen, freien christlichen Sakramente/Ritualien (insbesondere hier Taufe, Trauung, Bestattung) mit Begründung der »Christengemeinschaft« »übergeben«, »vermacht«, etc. habe.
Mir [VDL] ist keine solche Stelle irgendwo im Werk Steiners bekannt und bisher auch von der »Christengemeinschaft« nicht benannt worden. Am *9.11.1997* schrieb ich daher die Rudolf-Steiner-Nachlassverwaltung an, um u. a. konkret folgende Frage zu klären :
»Können Sie uns eine schriftlich belegte Aussage oder Stelle im Werk Rudolf Steiners benennen, wo er explizit: a.) die an Ruhtenberg und Schuster gegebenen Ritualien als nun alleinigen Besitz, spirituelles Eigentum (etc.) der «Christengemeinschaft» und b.) "laien"-priesterliches Wirken in unserer Zeit als nun unzeitgemäß und beendet (etc.) erklärt hat?«
Mit Datum vom *24.11.1997* antwortete Frau *Ulla Trapp* für die *Rudolf-Steiner-Nachlassverwaltung* in Dornach u. a. wie folgt:

»Aussagen Rudolf Steiners, wie Sie sie angeben, sind uns nicht bekannt, weder zu a) noch zu b) ... Einmal ganz äußerlich betrachtet: Rudolf Steiner gab die ersten Texte für die Menschenweihehandlung im Herbst 1921 zum Abschreiben an Bock, Spörri und Klein - die Christengemeinschaft existierte ja damals noch nicht - und ließ sich seine handschriftlichen Originale zurückgeben. Diese befinden sich seit damals und bis heute im Archiv der Rudolf-Steiner-Nachlassverwaltung.«
75 Die aufgrund des Widerstandes der CG bis Anfang der 1990er Jahre zurückgehaltenen "Priester"- »Kurse über christlich-religiöses Wirken« *(Rudolf Steiner, GA 342-346, die Kurse zur Begründung der CG)* und die lange Zeit relativ unbekannte Klarstellung Steiners vom 30.12.1922, wie auch andere Hinweise, verhinderten eine Urteilsbildung und machten im Verein mit einem massiven Auftreten der CG (»Es ist ein furchtbar starkes Werben da, das autoritativ wirkt ...« *[Marie Steiner, Dreißiger-Kreis, 13.2.1923]* / » ... sie wollen jeden haben. Die haben keinen Grund Klarheit zu schaffen.« *[Rudolf Steiner, 9.12.1922, »Zur religiösen Erziehung ...«]* / »die grasen ab, ihrerseits ...« *[Rudolf Steiner, GA 300b, S. 227]*) eine Monopolisierung der »erneuerten« Sakramente möglich, die auch heute noch postuliert wird *(siehe oben Wolfgang Gädeke, [em. »Lenker« der CG], Fußnote 69)*.
Rudolf Steiner dazu: »Es ist niemals für die Rituale, die für die Schule da sind, etwas ausgesprochen worden, dass sie der Priesterschaft gehören.« *(9.12.1922, »Zur religiösen Erziehung...«, 1997, S. 174)*. (Dies betrifft grundsätzlich sakramentales Handeln. Siehe dazu Fußnoten 15/30.)
76 Die durch Rudolf Steiner vermittelten Sakramente sind also nicht »alleiniges Gut«, »spirituelles Eigentum« etc. der CG, so wie Rudolf Steiner aufgrund der Begründung der CG auch nicht das/ein »laien«-priesterliches Handeln als nun aufgehoben oder überflüssig ansah/erklärte. Dass Rudolf Steiner aufgrund fehlenden Fragemutes, mangelnder Erkenntnis und Einsicht in die kultushistorische Dimension und im Schatten der in die AG fatal hineinwirkenden Gründungswucht der CG-Priester, dann aber auch durch seinen frühzeitigen Tod, selbst einen vollen Kreis freier christlicher Sakramente nicht mehr geben konnte, ist kein Argument für deren Annullierung und/oder angeblichen Übergang an die CG. Es fehlten den Anthroposophen die Information und der Mut eigene Wege zu gehen. Die CG hat mit der AG nichts zu tun. Und ohne die Fragen seitens der Theologen hätte Rudolf Steiner von sich aus die CG nicht begründet, denn für den Fortschritt der AG und der Anthroposophie war die CG nicht nötig, sondern eher hinderlich... was folgte war die »Fruchtlosigkeit« *(R.St., 30.12.1922)*... S. a. Fußnote 70.
Andererseits: Wären denn für eine Entwicklung eines allgemein-christlichen Weges noch weitere Antworten, bzw. extra Aufforderungen Steiners nötig (gewesen), wo er doch bereits konkret Handlungen und Texte gegeben hatte und darauf hinwies, dass ein und dasselbe Ritual für verschiedene Lebenszusammenhänge/Strömungen (AG und CG) verwendet werden könne?
77 »Die Autoren *(Wolfgang Gädeke in seinem Buch »Die Fortbildung der Religion«)* vertreten hier die Meinung, die sich im Gesamtduktus deutlich zeigt, dass die Religion innerhalb der anthroposophischen Gesamtbewegung von der Christengemeinschaft repräsentiert wird. ... Dass von der Dreiheit Wissenschaft - Kunst - Religion mit der Begründung der Christengemeinschaft die Religion an diese gewissermaßen übergeben worden sei, bezeichnet Rudolf Frieling (damals

So war eine verwirrende Uninformiertheit und damit eine tragische Unmündigkeit [78] und Inaktivität gegeben, in der man als

»Erzoberlenker« der CG $^{-VDL}$) 1984 ausdrücklich als ein ›Missverständnis‹ ... «
(Michael Debus, em. Leiter des Priesterseminars der CG in Stuttgart, in »Anthroposophie und Religion, Eine notwendige Ergänzung zur Gädeke-Studie«, in: »Mitteilungen ...« der AG, Nr. 178, IV/1991, S. 274-276).
Leider findet sich dieses »Missverständnis« ansonsten (?) in keiner öffentlich zugänglichen Publikation. Verständlich, denn schließlich wird mit dieser Einsicht einem Monopolanspruch widersprochen...
78 Beispiele für Missverständnisse / Desinformation / Uninformiertheit :
Immer wieder wird Rudolf Steiner (aus *GA 345, 2. Vortrag, Stuttgart, 12.7.1923, insbesondere S. 34-35 und S. 44*) angeführt :
→ » Es behaupten nun Anthroposophen, dass gewisse Vorgeschrittene den Kultus entbehren könnten. « *(S. 34)* = Nein, nicht *den* KULTUS entbehren !
Die Frage ist: *Welchen* Kultus ?! Welcher Kultus ist der dem Anthroposophen gemäße ?! Wir meinen: ein überkonfessioneller, freier christlicher Weg.
→ » Denn tritt heute der Fall eines Begräbnisses ein, dann ist doch eben die religiöse Gemeinschaft *(CG)* für das Kultische aufgerufen. « *(S. 34)*
= Für wen ?? : für bestimmte Anthroposophen, für ALLE Anthroposophen, für jedermann ?? Nein, da widerspräche sich Steiner hier in *einem* Satz gegenüber einem ganzen (Gewichtung!) Vortrag *(30.12.1922)*, in dem er strengstes Auseinanderhalten von AG und CG verlangt. Hier *(GA 345)* spricht er zu den Priestern der CG für deren Mitglieder! Denn - siehe 30.12.1922 - es ist nicht die Aufgabe der CG die Anthroposophen zu missionieren, die CG war/ist im Grunde nicht für die Anthroposophen gedacht.
Der Anthroposoph *kann* sich zur CG hinwenden, muss (und sollte?) das aber nicht. Und so *muss* er auch nicht z. B. die Bestattung der CG aufgreifen; es sei denn, er ist Mitglied dieser Kirche: dann ist er selbstverständlich auch aufgefordert, diese SEINE Kirche in Anspruch zu nehmen; *das* meinte Steiner !
Denn diese Kirche - wenn auch "erneuert" - vertritt immer noch das "alte" »Zwei-Stände-Prinzip« (Priester- / Laienstand) und NUR deren Priester sind sakramental handlungsberechtigt.
So ist verständlich, dass sich Steiner - als Nichtpriester! - hier nicht einmischen wollte und durfte.
Einige Sätze weiter *(S. 34)* schränkt Steiner diese Feststellung auch wieder ein, bzw. konkretisiert sie : derjenige, »der Anthroposophie sucht ... dass man es ihm überlassen muss, inwiefern er den Kultus *(der CG ^{VDL})* sucht..«
Also: Dieses Zitat bezieht sich auf diejenigen Anthroposophen (»Doppelmitglieder«), die ihre religiöse Heimat in der CG haben, es kann aber prinzipiell nicht verallgemeinert werden.
→ Das Gleiche gilt für die Aussage Rudolf Steiners *(S. 44)* :
» Ich werde nie wieder bei einer solchen Gelegenheit, wo die sozialen Verhältnisse durch den Kult *(der CG ^{VDL})* geheiligt werden sollen, etwas vornehmen, ohne dass der Vertreter der religiösen Bewegung *(CG ^{VDL})* mitwirkt.
Bei Begräbnissen spreche ich nicht mehr allein, ohne einen Priester.

durchschnittlich informierter Anthroposoph von einem freien christlichen, anthroposophisch sakramentalen Weg, von Ruhtenberg, Schuster und Geyer, von "freier" Taufe, Trauung, Bestattung (fast) nichts mehr hörte und wusste.

So konnte »Die Christengemeinschaft« nun auch unangefochten den Anspruch erheben [79] allein für ein anthroposophisch sakramentales Handeln mit den von Rudolf Steiner erfassten Sakramentstexten zuständig zu sein; ja sogar behaupten, dass die Texte - die zuvor der freie christliche Impuls erhalten hatte - ja nun an sie, in ihren "Besitz" übergegangen seien. [80] Ein freies christliches Handeln (außerhalb der »Schulhandlungen«) wurde damit als eingestellt, überflüssig und dann gar als unberechtigt, destruktiv und schließlich als Sakrileg dargestellt. [81]

Bis heute gibt es seitens der »Christengemeinschaft« (von höchster Ebene) auch weiterhin kein Zugeständnis gegenüber den freien christlichen Anthroposophen: »Weder eine erneute Herausgabe

---

Der Kult *(der CG ^{VDL})* muss verrichtet werden *(durch den Priester der CG ^{VDL})..* «
= Das ist eine Äußerung Steiners als "Nichtpriester" gegenüber einem auch von ihm zu respektierenden, klerikalen System. Es betrifft die dafür zuständigen Priester und ihren Umgangs mit denjenigen Anthroposophen, die der »Christengemeinschaft« als *Mitglied* verbunden sind und deren Dienste berechtigt in Anspruch zu nehmen haben, nicht aber zur Verallgemeinerung für "*alle*" Anthroposophen. ...
79 Siehe Fußnote 75.
80 Siehe Fußnoten 74/76 oben.
81 Als Beispiel dafür wird seitens der CG oftmals angeführt, dass Rudolf Steiner selbst von ihr bestattet wurde und somit nur die CG für sakramentale Handlungen, insbesondere für die Bestattung, vorgegeben, berechtigt und befähigt sei.
Dass Rudolf Steiner von der CG kirchlich und nicht von Anthroposophen »spezifisch anthroposophisch« bestattet wurde, war aber nicht sein Wille, bzw. Auftrag, sondern wurde von seiner Umgebung (u. a. vor allem von Rittelmeyer [Erzoberlenker der CG]) dann einfach vorgenommen und gehörte zu den vielen Verdunklungen in der damaligen Situation, die nach seinem Tod explodierte.
(Lt. Roland Halfen, Leiter des Rudolf Steiner-Archivs, an das Forum Kultus, 3.10.2016.)
Natürlich ist jeder Mensch - auch der Anthroposoph - frei, sich eine ihm gemäße Kirche zu suchen. Rudolf Steiner suchte aber absolut nicht die CG für *seinen* Weg! Weil die CG aber für viele Menschen - »die den Weg in die AG noch nicht (!) finden können« - wichtig war und ist, hatte er die CG als »privater« »Rater und Helfer« (der er in vielen anderen Bereichen auch war!) auf den Weg gebracht und war ihr als solcher verbunden. Diese Position / Aufgabe als »Rater und Helfer« des Priesters hat und stellte Rudolf Steiner auch dem Anthroposophen, wenn er sich in der CG einbringen will *(siehe Rudolf Steiner, 30.12.1922).*

der nunmehr ›Studienmaterial zur Kultusfrage‹ getauften Veröffentlichung ^(das Kultus-Handbuch - VDL), noch das Arbeiten daran, auf die Ebene eines Eingeweihten zu gelangen, der in der Lage wäre, eigene Kultusformulierungen zu geben, kann einer Priesterschaft zugemutet werden.« ^(Taco Bay, als Erzoberlenker der CG) 82

Monopolanspruch

Problematisch wird es, wenn man das Handeln anderer Christengeschwister, anderer Strömungen/Gemeinschaften nicht nur für unberechtigt erklärt, sondern sich (als "*allein* seligmachende Kirche" ?) auch für deren Kultus-/Sakramentstexte nicht nur für zuständig, sondern auch als deren "Eigentümer" betrachtet.
So verfährt die »Christengemeinschaft« gegenüber uns, d. h. dem »Forum Kultus« als - den momentan einzig öffentlich wirkenden - Impuls für ein »freies christliches«, sakramentales Handeln... [83]

Was dahinter steht, ist ein Monopolanspruch, den man seit Jahren auch öffentlich vertritt [84] und der besagt, dass *allein* die »Christengemeinschaft« berechtigt sei, die von Rudolf Steiner vermittelten Sakramente (bis auf die Schulhandlungen [85]) anzuwen-

---

82 *Taco Bay* (damals Erzoberlenker der CG), am *10.6.1999* auf eine schriftliche Anfrage von VDL, schriftlich an VDL.
Steht damit die Priesterschaft der CG ggf. sogar noch über den Einsichten eines »Eingeweihten«(!), der objektiv »in der Lage wäre«(!!) Texte herunterzuholen? Und wer weiß denn, dass und ob dies nur dem »Eingeweihten« möglich ist? Sollen wir also dem Schulungsweg der Anthroposophie, der uns - letztendlich - dahin bringen kann und der Aufforderung Steiners den Kultus, die Opferfeier »fortzusetzen«, abschwören, weil dies einer Priesterschaft nicht »zugemutet werden« kann?! Warum eigentlich? Weil sie eine spirituelle Vorrangstellung, ihr Monopol erhalten will? (Denn - im Hinblick auf die Anthroposopohen - : ».. sie wollen jeden haben. Die haben keinen Grund Klarheit zu schaffen.« *[Rudolf Steiner, 9.12.1922]* ... um auch noch und weiterhin auch die Anthroposophen ^[s. o.] als ihre »Gemeindekinder innerlich, gemüthaft an sich ketten ^[zu] können.« *[Rudolf Steiner, 13.6.1921]*) Solch ein Ansinnen wäre für einen freien Geist so irrig, dass es nur kommentarlos zu ignorieren bliebe...
83 Die CG hatte diese Texte dann *auch* bekommen. (*Siehe Kap. »Zwei Strömungen« und Fußnote 74.*)
84 S. o. und Fußnote 69.
85 U. a. Sakramente !, die bezeichnenderweise seitens der »Christengemeinschaft« nicht als »Kultus«, sondern als »Rituale« tituliert werden.

den, weil ihr diese von Rudolf Steiner »übergeben«, »eingestiftet«, etc. worden wären und somit Besitztum der »Christengemeinschaft« seien.

Das Tragische daran: Obwohl dem von verschiedenen und gewiss auch kompetenten Seiten widersprochen wird [86], scheint diese Widersprüchlichkeit nicht nur unreflektierte [87] Uninformiertheit, sondern vor allem Ausdruck eines Machtanspruches eines anscheinend systeminhärenten, elitären Priester-/Sendungsbewusstseins [88] und einer Realitätsverweigerung dieses »erneuerten« Priestertums zu sein? ...

Warum dieser Monopolanspruch?
Nicht nur weil frei christlich handelnde Anthroposophen "unberechtigt handelnde Nicht-Geweihte" seien,
die Antwort ist dramatischer (und traumatisch verdrängt) :

Ohne die "Anthroposophen- und Waldorf-Scene" (aus der fast die gesamte Mitgliedschaft stammt) würde die »Christengemeinschaft« - nach 90 Jahren immer noch eine unbedeutende »Sondergemeinschaft« - quantitativ nicht existieren können, bzw. gar nicht mehr existieren... und deshalb »weil es ihr nicht gleich gelingt, unter Nichtanthroposophen Bekenner zu finden, nun ihre Proselyten innerhalb der Reihe der Anthroposophen macht. Dadurch wird ein Unmögliches getan.« [89]

Das wurde verschiedentlich so ausgedrückt: »Es kommt sonst keiner.«

---

86   Siehe Fußnote 74!
87   Da ich [VDL] in meinem Streben (damals in Unkenntnis von Alternativen) auch am Priesterseminar der CG studierte (dann aber im System das System erkannte und für mein Streben innerhalb der klerikalen Struktur der CG keinen Weg sah und deshalb konsequenterweise wieder austrat), konnte ich selbst erleben - und bekam dies immer wieder von anderen (auch ehemaligen) Seminaristen bestätigt-, dass dort bestimmte Fragen tabuisiert waren, bzw., wenn unumgänglich, dann nur ausweichend oder relativiert dargestellt und den zu kritischen Fragestellern immer wieder eine Beendigung ihres Studiums nahegelegt wurde oder diese ggf. exmatrikuliert wurden (..in der Vergangenheit, und heute?). Denn das Problem ist ja: Die Weihe ist nicht mehr zurücknehmbar, also ist es sinnvoll kritische Geister vorher herauszunehmen...
88   Siehe typisch dafür: *Gädeke, Fußnote 69, s. auch Text zur Fußnote 82.*
89   *Rudolf Steiner, GA 219, 30.12.1922, S. 173.*

Die traditionellen Kirchen sind für die anthroposophische Szene in der Regel keine Alternative und stellen so auch für die »Christengemeinschaft« keine Konkurrenz dar, aber ein kultisch und sozial sogar noch fortgeschrittenerer und freier, »spezifisch *anthroposophischer*« Kultus und dazu noch mit den *gleichen* Texten, das könnte Mitglieder abziehen und die bisherige Politik und das unter diesen Umständen entstandene Dasein existenziell, ja gar die Daseinsberechtigung insgesamt infrage stellen.

Das anthroposophisch gesinnte Klientel muss sie sich also erhalten, denn außerhalb davon finden sich auch heute noch viel zu wenige (real fast gar keine) Anhänger, denn dort ist man als »anthroposophische Sekte« oder »Anthroposophen-Kirche« etikettiert, ignoriert und abgelehnt.

Und damit sitzt man in der Zwickmühle; denn der Nichtanthroposoph, der aber doch freiheitlich strebende, ökumenisch gesinnte und esoterisch tiefer suchende Christ (den Rittelmeyer und Steiner mit der Begründung im Auge hatten!) will ja nicht in eine "Sekte" = "Anthroposophen-Kirche" ...

Gerade die wollte auch Rudolf Steiner nicht, und er machte klar: »Wenn diese Voraussetzung nicht gewesen wäre, so wäre durch meine Ratschläge die Bewegung für religiöse Erneuerung (›Die Christengemeinschaft‹) niemals entstanden. Daher bitte ich Sie, eben zu verstehen, dass es notwendig ist, dass die Bewegung für religiöse Erneuerung wisse: dass sie bei ihrem Ausgangspunkte stehen bleiben müsse, dass sie versprochen hat, ihre Anhängerschaft außerhalb der Kreise der anthroposophischen Bewegung zu suchen ... dass streng darauf gesehen wird, dass die Bewegung für religiöse Erneuerung nach allen Richtungen in Kreisen wirkt, die *außerhalb* der anthroposophischen Bewegung liegen.«[90]

Das wurde nicht erreicht ...

(Das Problem wird zusätzlich und drastisch verschärft durch die Überalterung, ...umso wichtiger sind die bleibenden Anthroposophen...)

Beide Seiten haben ihre Aufgaben nicht erfüllt ...

---

90 *Rudolf Steiner, GA 219, 30.12.1922, S. 173.*

So versucht man ein Monopol aufrecht zu erhalten, das durch eine Jahrzehnte herrschende Uninformiertheit der Mitglieder (der Christengemeinschaft wie der Anthroposophischen Gesellschaft) entstanden ist.
Und so darf man sich nicht wundern in den Verlautbarungen eine oftmals sehr einseitige, zweckdienliche und leider immer wieder irreführende, ja auch diffamierende und unrichtige Information zu finden, gerade dann und wenn es darum geht eine angeblich häretische "Konkurrenz" abzuwehren. [91]
Obwohl Anthroposophen als Freie Christen in der »Christengemeinschaft« keine Konkurrenz sehen (»Jedem Seinen Weg!«), sind sie es faktisch für die »Christengemeinschaft«.
Eine Tragik, die hier nicht weiter vertieft werden soll... [92/93]

Sollten und könnten wir aber nicht heute - am Beginn eines neuen Jahrtausends und nach der Veröffentlichung fast des gesamten Werkes Rudolf Steiners - nun endlich den Mut finden, die »Freiheit des Christenmenschen« ernst zu nehmen, uns über alte Vorurteile hinwegzusetzen, unsere spezifisch anthroposophische und christliche Aufgabe zu erkennen und den kultushistorisch not-wendigen und möglichen Schritt auch konkret zu ergreifen?

---

91 Siehe in *Arbeitsmaterial zur Kultus-Frage*, TEIL 10, »Dokumentation« (vergriffen) die Argumente von z. B. Michael Debus (em. Leiter des Priesterseminars der CG in Stgt.) und Hans-Werner Schroeder (Oberlenker, em. Leiter des Priesterseminars der CG in Stgt.) und deren Darstellungen nach der 1. Auflage des »Kultus-Handbuches« (1999), insbesondere in der Zeitschrift »Das Goetheanum« und »Die Christengemeinschaft«. So sprach man sich auf unüblich fünf (!) ganzen Seiten im »Goetheanum« (der Hauszeitung der AG!) (1999) ablehnend gegen ein freies christliches Handeln aus; die Kritisierten aber kamen nicht nur nicht zu Wort, sondern wurden noch nicht einmal über die geplante Veröffentlichung weder vorher noch nachher informiert, noch wurde eine Richtigstellung zugelassen...
Seit einigen Jahren entspannt sich allerdings die Atmosphäre. Es wird immer selbstverständlicher, dass Anthroposophen auch kultisch aktiv werden.
92 Siehe dazu auch den Beitrag im Kap. »*Berechtigung Weihe?*«.
93 Dennoch sei noch einmal betont, dass die spirituelle Berechtigung der »Christengemeinschaft« - allerdings mit den Aufgaben die ihr gegeben wurden! - und vor allem die seelsorgerischen und sozialen Leistungen hier in keiner Weise geschmälert werden sollen und volle Anerkennung finden!

Freie christliche Initiativen

So antworten auf die Fragen der Mitgeschwister und arbeiten seit Pfingsten 1996 [94], als ein IMPULS (!!) - konzentriert im bewusst kleinen Kreis - kultisch engagierte und interessierte, kirchenunabhängige Anthroposophen [95] autonom [96] an den Fragen der inneren und äußeren Realisierung des Lebens mit den freien christlichen Sakramenten,
auch wenn das Interesse an Kultus-Fragen in der anthroposophischen Gesellschaft und -Bewegung zwar vermehrt auftritt, aber insgesamt doch quantitativ noch relativ unbedeutend vorhanden ist ("man hat ja die »Christengemeinschaft«") ...
Doch die Zukunft muss heute gesät werden...

So wirken
überkonfessionell (also nicht nur für die anthroposophische Szene, sondern für *jeden* Suchenden!) als und für die Publizität der *»Förderkreis Netzwerk FORUM FREIER CHRISTEN«*;
und hierin nun speziell für die anthroposophische (!) Perspektive der *»Förderkreis FORUM KULTUS«* als eine *»Initiative für ein freies, anthroposophisch + sakramental vertieftes Christ-Sein heute«*.
Für die liturgische Praxis und vor allem als spirituelle *Gemeinschafts*-Trage-Schale der von Rudolf Steiner vermittelten sieben

---

94 Damals »Initiativ-Kreis Kultus« genannt, von Dorothea Kroschel, Unterlengenhardt und Volker David Lambertz, damals Ottersberg organisiert.
95 Insbesondere wirken hier Persönlichkeiten zusammen, die als Kultushandelnde in den Freien Waldorfschulen, bzw. den heilpädagogischen Heimen tätig sind, aber auch besonders Menschen in sozialen Tätigkeiten und natürlich auch anderen Engagements, bzw. Berufen. Dabei arbeiten wir auf der Ebene und in der Regel als Mitglieder der »Freien Hochschule für Geisteswissenschaft«.
96 Weil die »absolute Religionsfreiheit« jedes einzelnen Mitgliedes der »interreligiösen« Allgemeinen Anthroposophischen Gesellschaft gewahrt bleiben muss, kann solch ein Engagement nicht im Namen und von der »Anthroposophischen Gesellschaft« selbst und offiziell vollzogen, sondern muss individuell von entsprechend qualifizierten Anthroposophen (als deren »Privatangelegenheit«) verantwortet werden. Andererseits sind Anthroposophen gezwungen diese Fragen individuell und unabhängig zu stellen, weil der Macht- und Meinungseinfluss der CG (die Mehrheit der Anthroposophen sind Mitglieder der CG) auf und als Funktionäre und die offizielle AG-Arbeit eine neutrale und emotionslose Erarbeitung der Thematik in der AG bisher nicht zuließ.

Sakramente, soll die »*INITIATIVE, FREIE CHRISTLICHE ARBEITS-GEMEINSCHAFT*« wirken;

die anthroposophischen und kultischen Grundlagen wurden ehemals im »*ARBEITSKREIS ZU FRAGEN ANTHROPOSOPHISCH SAKRAMENTALEN HANDELNS*« (zuvor »*Initiativ-Kreis Kultus*«) erarbeitet.

Dabei muss betont werden, dass "wir" auch nur e i n e der momentan verschieden aktiven Persönlichkeiten und Initiativen sind ..und so soll und muss es sein!

Denn wir wollen keine Monopole, keine Konsumenten, sondern - als ein IMPULS ! - selbstverantwortlich, individuell aktiv werdende, *freie* Christen; Anthroposophen, die zum "laien"-priesterlichen und somit auch sakramentalen Dienst aufgerufen sind ! [97]

Es geht um einen *Freiheitsimpuls* und der ist individuell,
auch wenn man sich für dieses Handeln zusammentun kann,
um einen ganz spezifischen Weg - auch verbindlich - zu gehen,
um den Impuls auch real zu erden, zu organisieren, aufgreifbar und effektiv zu machen ... aber immer aus und in Freiheit ...

Und natürlich gibt es nicht nur innerhalb der anthroposophischen Bewegung kirchenunabhängig Wirkende und Wege! [98]

Und so kann es auch nicht darum gehen, andere auf die *für uns* relevanten Fassungen und Sichten Rudolf Steiners oder auf ganz bestimmte Sakramente festlegen zu wollen,

ebenso wenig darum "alle Anthroposophen" nun auf einen "freien christlichen" Weg hinzuweisen, bzw. zu verpflichten!

---

97 Es gibt zwar generell in der AG (unter den Nicht-CG'lern) eine große Zustimmung für ein allgemeines, freies sakramentales Engagement, zumindest zurzeit aber, vor allem aufgrund der Vorurteile und Unkenntnis der Thematik ("aber bitte nicht mit den Texten *der CG*"), nur wenige, die öffentlich dafür eintreten. *(Siehe auch Fußnote 73.)*

98 Siehe z. B.: *www.freie-theologen.de* / *www.rent-a-pastor.com* / *www.alternativhochzeit.de* / *www.diplomtheologe.de*, etc. *(siehe auch Google)*, oder - aus unseren Reihen - die überkonfessionelle Arbeit als »Freier Theologe« von V.D.Lambertz in *www.Freie-Christen.info* oder auch ökumenische Gemeinschaften wie die weltberühmte »Communauté de Taizé« in *www.taize.fr (siehe auch Wikipedia!)* ...

Selbstverständlich verstehen wir *alle* Christen als Geschwister, denn Freiheit ERfordert Verständnis und nicht Sektierertum ! Deshalb sind auch wir in der »Ökumene« engagiert und freuen uns über *jeden* sakramental Aktiven, ob individuell autonom, oder in einer Gemeinschaft oder Institution !

Jede freie christliche Sakramenten-Spende ist sowieso grundsätzlich *ein jeweils individuell und neu zu erringendes Ereignis.*
Entsprechend den Bedürfnissen, Möglichkeiten und Einsichten der Zelebrierenden, wie auch der Empfangenden muss dieser Akt immer wieder neu geschaffen werden.

Es ist ein Geschehen dem ein doktrinäres Festhalten an einzelnen Wörtern eines "einmal gegebenen Wortlautes", eines unveränderbaren Textes [99], einer für alle Individuen und alle Ewigkeit gegebene Form widersprechen würde.

Wie sollte sich sonst die *reale Lebendigkeit der individuellen Beziehung des Empfangenden zur geistigen Welt* und Freiheit im Sakrament wahrhaft äußern? ..

Dies muss der Text wiedergeben.

Christen-Gemeinschaft ? !

»Wo zwei oder drei versammelt sind in meinem Namen,
da bin JCh mitten unter ihnen.« [100]

Gerade die Sakramente entstehen und leben natürlich besonders in und aus der lebendig gelebten Christus- und Christen-Gemeinschaft, sodass Hoffnung auf Seinen Beistand bestehen darf.

Trotz aller individuellen Verantwortung stellt sich die Frage, ob nicht auch dieser *freie* und letztlich jeder christliche Kultus eine *Kultus-Trage- und Verantwortungs-Gemeinschaft* braucht, die dem praktizierten Kultusimpuls einen geschützten Raum und Ihm eine besonders vorbereitete, qualifizierte, verlässliche Schale bietet, die zum Konzentrations- und Kraftort auf dem gemeinsamen Weg Ihm entgegen wird? [101]

---

99 Wie dies in der »Christengemeinschaft« konstitutionell der Fall ist.
100 *Matt. 18/20.*
101 »Dadurch, dass die Menschen freiwillig ihre Gefühle zusammenstrahlen lassen, wird wiederum etwas über den bloß emanzipierten Menschen hinaus gebildet. Der emanzipierte Mensch hat seine individuelle Seele. ... Aber dadurch, dass die Menschen sich in freiwilligen Zusammenhängen zusammenfinden, gruppieren sie sich um Mittelpunkte herum. Die Gefühle, die so zu einem Mittelpunkt zusammenströmen, geben nun wiederum Wesenheiten Veranlassung, wie eine Art von Gruppenseele zu wirken. ... Alle früheren Gruppenseelen waren Wesen-

Auch hier wird es um *zeitgemäße* Impulse gehen und auch hier können wir Anregungen von Rudolf Steiner bekommen. [102]

Mit der »Initiative Freie christliche Arbeits-Gemeinschaft« wollen wir versuchen zukünftig diese Schale, diesen Schutz-Raum zu ER-bilden ...so weit der Weg dahin auch noch sein mag...

Und es kann und soll - wie bereits erwähnt - ohne weiteres *viele* verschiedene solcher Räume geben, entsprechend der individuellen Bedürfnisse und Möglichkeiten der Tragenden!

Denn es geht ja gerade nicht um eine zentrale (= kirchliche) Struktur, um eine »neue Kirche«, ein »Kontroll- und Machtzentrum«, um »neue personelle oder institutionelle Hierarchien« [103],
sondern um einen jeweils individuell, authentisch und geschwisterlich geprägten, kultischen Freiheits-»IMPULS«, um entsprechend empathisch wirkende, autonome, dezentrale, freie Such-, Schul- und TAT-GEMEINSCHAFTEN, die ggf. in einem NETZWERK gleichberechtigte (und sinnvoller Weise auch dreigegliederte [104]) Wahrnehmungs- und Verwirklichungsforen bilden: Anthroposophen, die auf die Not, die Nachfragen ihrer Mitgeschwister individuell antworten, *unabhängig* einer Institution, allein aus dem freien, geschwisterlichen Liebe-Impuls des Herzens.

Damit stehen wir vor den Forderungen der Freiheit und Liebe.

Ob und was und wie etwas geschieht, liegt also ganz bei Ihnen.

Natürlich kommt es auch hier nicht auf die Quantität, eine Massen-Bewegung, sondern auf die intime, wahrhaftige Qualität, Authentizität, auf die gelebte Realität der vom Zeitgeist geforderten und praktizierten, individuellen Tat an.

Und: IHM in Seinem Weiterschreiten Werkzeug zu werden.

»Wo zwei oder drei ... «

---

heiten, die den Menschen unfrei machten. Diese neuen Wesenheiten aber sind vereinbar mit der völligen Freiheit und Individualität der Menschen.« *(Rudolf Steiner, 1.6.1908, GA 102.*
102 Siehe hierzu ausführlich im Info-Buch *»Die Sakramente - Der freie christliche Impuls Rudolf Steiners«*, s.S. 91, bzw. das Buch *»Gemeinschaft bauen«*, s.S. 92.
103 ...wie dies irrig seitens der »Christengemeinschaft« behauptet wurde/wird...
104 Eine grundsätzliche Einführung dazu findet sich von Dieter Brüll in: »*Der anthroposophische Sozialimpuls*«, Verlag für Anthroposophie, Dornach.

Zur Verfügung stellen

In jeder Hinsicht sind daher für die kultische Arbeit die nun im Kultus-Handbuch »Die Sakramente« zusammengestellten, originalen Sakraments-Texte Rudolf Steiners ein notwendiges und hohes, unschätzbar wertvolles und deshalb zu schützendes Gut.
Weil dieses dem suchenden Menschen nicht vorenthalten werden darf, hat die Rudolf Steiner-Nachlassverwaltung bisher auch alle Sakraments-Texte veröffentlicht. [105]
Dennoch ist ihr Schutz möglich.
Er liegt - zeitgemäß - nicht mehr in der Zurückhaltung der *gedruckten* Texte, sondern im nötigen Schwellenübertritt: im Prozess der Verwirklichungs- und Wandlungskraft der Handlung selbst als Gemeinschaftstat, im Offenbarwerden Seiner Anwesenheit, im ERleben der Vereinigung mit Ihm, ja in meinem sozialen, moralischen, tatsächlichen Liebe-Handeln... und letztlich in Seiner Gnade.
Wem der Durchbruch zu dieser Realitätsebene nicht gelingt, dem bleiben auch der Text und selbst die Handlung nur unwirksamer und unverständlicher "Schall und Rauch".
Wer diese "Sprache" nicht versteht, wird mit ihr nichts anfangen, damit spirituell nicht kommunizieren und keine wirkungsvolle Handlung vollziehen können...
und missbräuchlich benutzt, wird er sich selbst schaden.

ER wird sich also weiterhin nur dem demütig Strebenden, Wahrhaftigen, Würdigen enthüllen!

---

105 Alle von uns veröffentlichten Kultus-Texte sind *zuvor* bereits schon von der Rudolf Steiner-Nachlassverwaltung herausgegeben worden.
Man bedenke, dass nicht nur das gesamte esoterische Werk Rudolf Steiners, sondern die liturgischen Texte fast aller Kirchen veröffentlicht sind.
»Wie retten wir nun das uns anvertraute Gut? Nicht, indem wir es vergraben und nur den Feinden die Gelegenheit geben, das damit zu tun, was sie tun wollen, sondern indem wir, vertrauend auf die guten geistigen Mächte, der neuen Generation die Möglichkeit geben, Anregungen in ihrer Seele zu empfangen, die das darin schlummernde geistige Licht aufleuchten lassen, die weckend in ihren Seelen das aufrufen, was Schicksalsmächte in sie hineingelegt haben.« *(Marie Steiner, Brief vom 4.1.1948, GA 270/1, 1992, S. 11).*
»Dieser Geist der Zeit verträgt nicht das äußere Geheimnis, während er ganz gut verträgt das innere Geheimnis.« *(Rudolf Steiner, 28.12.1923, GA 260,* zur öffentlichen Freigabe der nur für Mitglieder gedruckten Vorträge).

Weiter ?

Gerade die verschiedenen und leider kontrovers zueinander stehenden Möglichkeiten christlichen, sakramentalen Handelns - schon allein innerhalb der anthroposophischen Bewegung - harren einer intensiven Erarbeitung, verlangen größte Freiheit, Toleranz und Sensibilität und verweigern sich dogmatischer Behandlung.

Mit der Herausgabe der Zusammenstellung der freien christlichen Sakramente, der wünschenswerten Begründung verschiedener Arbeitskreise und freier christlicher, sakramentaler Aktivität sind die Fragen an solch eine Thematik - auch mit dieser Skizze - natürlich noch lange nicht abgeschlossen. [106]

Da nun alle Sakramente in der freien christlichen Fassung Rudolf Steiners jedem Ihm Nachstrebenden verfügbar sind, wartet nun »der Mut zur Tat«, um auch für die kultische *Praxis* einen überkonfessionellen, pfingstlichen Weg allgemein zu ermöglichen...

Erwartungsgemäß stößt dieser Impuls momentan - vor allem innerhalb der traditionellen, konservativen Kreise der Anthroposophischen Gesellschaft (die eben eng mit der »Christengemeinschaft« verbunden sind) - wenig öffentliches und nennenswertes Echo...

Es liegt an uns ... Wartet ER auf Sie ... ?

---

[106] Sie lässt sich auch nicht abschließen, denn »... man kann nichts für die Ewigkeit begründen. Wir werden schon in einiger Zeit vor die Notwendigkeit gestellt werden, wiederum das, was anthroposophischer Organismus ist, mit neuen Kleidern zu versehen. Aber dieses Schicksal hat man ja als Mensch auch: Man kann nicht immer dieselben Kleider anhaben. Und jede Organisation ist ja schließlich doch für das, was man lebt, ein Kleid. Warum sollte man just in einem sozial organischen Gebilde für die Ewigkeit arbeiten wollen! Was leben will, muss sich wandeln, und eigentlich ist nur, was sich wandelt, lebensvoll.« *(Rudolf Steiner, 2.3.1923, GA 257/8, S. 162)*. »Etwas Prinzipielles kann es im Leben der Welt überhaupt nicht geben, sondern es kann nur das sich in Leben Wandelnde geben.« *(Rudolf Steiner, s. o.)*.

Wenn Sie sich also mit dieser Thematik beschäftigen und vor allem aus diesem Kurzinfo zitieren und die hier versuchten Hypothesen und Texte weitergeben wollen, berücksichtigen Sie bitte diese Vorläufigkeit und erkundigen Sie sich ggf. ob Sie auch die neueste Publikation / Information vor sich haben!

Schauen Sie auch immer auf unsere Website: www.forum-kultus.de

Ein kontroverses Thema ... dem wir uns aber stellen müssen !

Denn das allgemeine Mensch=Priester-Sein wird früher oder später als allgemeine Zeit-Forderung einer sich weiterentwickelnden Christenheit so oder so vor uns stehen, und auf der anderen Seite eine immer größere und dramatische, spirituelle Verdunklung, Verirrung, Vereinsamung und Not...

Wir stehen in der Pflicht...

Nachkirchliches Christ-Sein ?

So not-wendig »die heilende Arznei, das Sakrament« auch ist,
wenn wir aber heute nicht wach werden und handeln,
nicht Freiheit säen auch im christlichen, sakramentalen Wirken,
nicht unsere Verantwortung aufgreifen,
wird morgen keine Ernte möglich...

Die Zukunft beginnt heute.

Aber auch die »Opferfeier« - wie auch aller Kultus -
kann nur Zwischenstation, Krücke hin zu einer Durchchristung,
zu einer Sakramentalisierung des *gesamten* Lebens,
zur gelebten LIEBE sein!

»Dann wird die Begegnung jedes Menschen mit jedem Menschen von vornherein eine religiöse Handlung, ein Sakrament sein..« [R.St.]

Wenn wir Christi Liebes-Wollen aufgreifen,
verwandeln wir heilend die Welt,
aus der Kraft der erneuernden Arznei des Sakramentes;
aus einer Kraft einer Christen-Gemeinschaft,
die nicht mehr den "allein handlungsberechtigten" Priester
als wegweisende Vaterfigur, den Amts-Hirten, das Dogma braucht,
weil wir dann Geschwister, Diener, Werkzeuge, Jünger Christi
und damit Priester füreinander
und Heiler für die ganze Welt werden;
Frucht für eine notleidende Welt
und Same für eine lichte Neue Welt, die kommen muss...

Wir wollen das uns Gegebene und Mögliche dazu beitragen...
Wird es gelingen?
Mit Dir zusammen?! ...

... bald naht die Nacht.
Dem Vergangenen: Dank,
dem Kommenden: Ja!

Dag Hammarskjöld

Hoffen wir,
dass trotz aller Schwachheit und Unzulänglichkeit
dennoch ER hinter uns stehe,
wenn unser Schicksal uns aufruft,
dereinst dem Du
mutig und mit Gottvertrauen
auch sakramental beizustehen ...
»Gehet hin ... JCh bin bei euch alle Tage!«

Herzlich Ihr
Volker David Lambertz - Förderkreis Forum Kultus
Pfingsten 2017

FORUM FREIER CHRISTEN
ARBEITSMATERIAL ZUR KULTUS-FRAGE

Der freie christliche Impuls Rudol Steiners heute

Diese Handlung
kann überall gehalten werden,
wo Menschen sind,
die sie wünschen!

Rudolf Steiner
GA 269, S. 125.

Eine kultische Arbeit
in der anthroposophischen Bewegung :

Fortsetzung in Form und Inhalt ...

» ... Als wir nach der Delegiertentagung (1923) die Arbeitsgruppe der Freien Gesellschaft aufbauten und gleichzeitig die Christengemeinschaft ihre Arbeit begann, kam es in unserem Mitarbeiterkreis zu einem Gespräch über unsere Aufgaben und unsere Arbeitsweise. Von einigen wurde festgestellt, dass die Christengemeinschaft es mit ihrer Arbeit leichter habe, da sie eine Kultus besitze, wir dagegen nur die Möglichkeit hätten, durch das Wort zu wirken. Man fragte sich, ob es wohl denkbar sei, dass für die Gesellschaft auch einmal ein Kultisches gegeben werden könnte. Die Meinungen waren geteilt. Ich wandte mich darauf mit dieser Frage an Dr. Steiner selbst. Er erklärte, dass dies wohl denkbar sei. So habe es vor dem Kriege ja auch die Esoterische Schule gegeben. In der Zukunft werde das (was damals noch in Anlehnung an die Theosophische Gesellschaft entstanden war) in anderer Gestalt gegeben werden. Es käme auch nicht die Form der Christengemeinschaft in Frage. Er charakterisierte darauf, wie auch später in Dornach *(30.12.1922)*, die andersartigen Grundlagen von Anthroposophie und Christengemeinschaft.

Eine kultische Arbeit
in der anthroposophischen Bewegung
muss aus dem selben geistigen Strom hervorgehen
wie die Schulhandlungen,
gewissermaßen eine *Fortsetzung* dessen,
was in Form und Inhalt
in der *Opferfeier* gegeben war ... «

René Maikowski
in einem Brief an Gotthard Starke vom 29.8.1983 (Auszug), s.a. GA 269, S.133.

Durch den unerwarteten, frühen Tod Steiners
blieb, von offizieller Seite, diese Aufgabe bis heute pendent.

Bloß ist mein Christentum
absolut nicht kirchlich gebunden.
Ich bin ein richtiger Ketzer
für Christus! ...

Das Priestertum des Menschen
ist das einzige,
das mir einleuchtet,

und darum bin ich so dankbar,
dass ich Rudolf Steiner begegnete.

Maria Röschl-Lehrs
»Vom zweiten Menschen in uns«

Forum Kultus

Wo zwei oder drei in meinem Namen versammelt sind ...

PRINZIPIELL kann jede/r würdige Christ/in
sakramental tätig werden, IHM verantwortet handeln:
»Jeder Mensch ein Priester!«
Und dazu rufen wir - auch Sie - auf!

Innerhalb momentan *verschieden* aktiver, *frei christlicher Initiativen*
sowie *autonom und einzeln kultisch Engagierter*,
sind "wir" auch nur *ein* Kreis ... *auf dem Weg*...

Wir sind Anthroposophen, die *autonom und ein jeder in eigener Verantwortung, aus der ganz ureigenen, individuellen Gottesbeziehung und »moralischen Intuition« den Geschwistern auch kultisch / sakramental beistehen* ...jeder auf Seinem Weg...
Unsere Arbeitsweise ist konträr zu der einer Kirche / Institution.
Wie vertrüge es sich denn auch, diesen *im »Ethischen Individualismus« wurzelnden Impuls* monopolisiert, verallgemeinert, fremdbestimmt, dogmatisiert in einer "Institution" zu fassen, zu "organisieren", wo doch so leicht systemimmanent Macht, Hierarchie, Dogmatik, Bürokratie die Freiheit des Einzelnen beschneiden?!
Die im Individuum gegründete »moralische Intuition« kann nicht fremdbestimmt reguliert werden! Sie ist die Quelle für unser Wirken, wodurch wir aber nicht sakramentale Dienstleister oder Notanker für bequeme Konsumentenhaltung sind/werden.
Wir sind *individuell* ANTWORTER und keine "Institution", die dann zwangsläufig in die Masse geht, deren Berechtigung an der Quantität der Mitglieder und der Außenwirkung gemessen wird.
Wir sind ein I M P U L S , ein A U F R U F , sich den Fragen, den Nöten der Geschwister auch überkonfessionell, brüderlich, sakramental, frei + christlich zu stellen und zu antworten;
Anthroposophen, die sich - direkt Christus verpflichtet - zum ("laien"-) priesterlichen und somit sakramentalen Dienst und zur individuellen, autonomen Nachfolge Jesu aufgerufen fühlen!
Unter diesen Aspekten muss auch unser Streben nach einer dem gemäßen Gemeinschaftsbildung gesehen werden.

Viele Wege führen zu IHM ... !! (Deswegen sehen wir in anderen kultisch Aktiven, auch in den Kirchen, keine Konkurrenz!)
Aber auch "freie" Wege müssen nicht alleine gegangen werden!
Weil auch der »freie christliche« Impuls Rudolf Steiners, die freien christlichen Sakramente in *unterschiedlicher* Weise aufgegriffen werden, der Gründungsimpuls des Forum Kultus aber bestimmte Fragen verfolgt, haben "wir" uns frei »LEITSTERNE« erstellt, die *unser* Streben aufzeigen, verbindlich machen wollen, aber auch zur Orientierung Nachfragender.
Andere Wege sind für andere selbstverständlich möglich!!
Und auch unser Weg ist ein lebendiger und sich wandelnder.

Dabei zeigten sich bisher folgende Aktivitäten :

Als überkonfessionelle Initiative (*allgemein für jeden Suchenden!*) und NETZWERK allgemein für ein kirchenübergreifendes, individuell orientiertes, freies Christ-Sein versucht zu wirken der
  »*Förderkreis Netzwerk FORUM FREIER CHRISTEN*«;

und hierin *speziell* aus einer *anthroposophischen* Perspektive, der
  »*Förderkreis FORUM KULTUS*« als eine »*Initiative für ein freies, anthroposophisch + sakramental vertieftes Christ-Sein heute*«, als Erbeitungskreis und für die Publizität.

Für die *liturgische* Verfügbarkeit, Praxis und Qualität und vor allem als spirituelle *Kultus-Verantwortungs-Trage-Schale* und *verbindliche Gemeinschaft der Handelnden* für die von Rudolf Steiner vermittelten sieben Sakramente, soll die
  »*INITIATIVE, FREIE CHRISTLICHE ARBEITS-GEMEINSCHAFT*« wirken.

Öffentlich relevant sind die innerhalb der *FREIEN WALDORF-SCHULEN* und der anthroposophisch *heilpädagogischen* Heime gehaltenen Sakramente und Handlungen (vor allem die Sonntagshandlungen für die Kinder, die Jugendfeier, die Opferfeier); verantwortlich dafür ist die Pädagogische Sektion der Freien Hochschule für Geisteswissenschaft am Goetheanum.

Leitsterne

INITIATIVE FREIE CHRISTLICHE ARBEITS-GEMEINSCHAFT
FÜR EIN FREIES,
ANTHROPOSOPHISCH + SAKRAMENTAL VERTIEFTES CHRIST-SEIN HEUTE

Gott ist die Liebe!
Und wer in der Liebe ist,
der ist in Gott und Gott in ihm!

✯ CHRIST-SEIN HEUTE

»Aus dem Ernst der Zeit muss geboren werden
der Mut zur Tat!« *(Rudolf Steiner)*
Anthroposophisch sakramentales Handeln
als michaelische, aktuelle, zeitgemäß abgelauschte Antwort
und not-wendige Arznei der aktuellen Erd- + Menschen-Not.

✯ DIE FREIHEIT DES CHRISTENMENSCHEN
UND DIE INDIVIDUELLE SITUATION

Der »ethische Individualismus«:
Handeln aus der »moralischen Intuition«.
Überkonfessionell + individuell + tolerant + frei.
Nicht Macht, Hierarchie, Institutionalisierung, nicht die Dogmatik
irgendeiner Religionsgemeinschaft,
sondern nur die *reale, individuelle Beziehung* zur Geistigen Welt
ist der Maßstab des - vor allem sakramentalen - Handelns und
geistigen Strebens, als Handelnder wie als Nachfragender;
allein IHM selbst bin ich unterworfen und ver-antwort-lich.

✯ DAS ALLGEMEINE CHRIST=PRIESTER-SEIN

Den Alltag spiritualisieren, sakramentalisieren; geschwisterlich,
liebevoll und heilend leben; Gott in allem wahr-nehmen...
Heute brauchen *wir* keinen zertifizierten Amts-Priester mehr,
der *allein* sakramental handeln kann und darf.
Das Ziel: *Jeder Mensch ein Priester* - im Handeln aus Liebe!
»Allgemeines Priestertum«,
das urchristliche und geschwisterliche "Laien"-Priestertum,

bedeutet nicht Dilettantismus, sondern ERhöhung,
ist Auf-Gabe, Zukunft menschlichen Handelns und Seins.

✶ DIE ANTHROPOSOPHIE

Uns [1] ist dabei die Anthroposophie ein *Erkenntniswerkzeug*,
die als eine undogmatische, interreligiöse »Geisteswissenschaft«,
als eine »Philosophie der Freiheit«,
den Einzelnen in seinem Suchen und Finden frei lässt,
tiefste Einblicke und Erfahrungen eröffnet,
mit denen ich frei umgehe, Ver-antwort-ung und Liebe erweckt
und zum *All-umfassenden Gottes-Dienst* wird.

✶ DIE SAKRAMENTE AUS DER QUELLE DER FASSUNGEN RUDOLF STEINERS

Die Sakramente sind *Werkzeuge Gottes*,
»heilende Arznei« des Schöpfers allen Seins.
Diese Prozesse in Worte zu fassen,
erfordert einen tiefen Einblick in das Übersinnliche;
das trauen wir [1] Rudolf Steiner zu.
Dennoch sind die durch ihn wieder und neu ergriffenen,
allgemein-priesterlichen, sieben Sakramente
(mit der »Opferfeier« als Zentralsakrament)
»*ein Anfang*«, lebendige Fassungen
die zeitgemäß »fortgesetzt« werden sollen,
Inspirationsquellen, nicht apodiktische Dogmatik.

✶ CHRISTEN-GEMEINSCHAFT
GESCHWISTERLICHE KULTUS-TRAGE-GEMEINSCHAFT

Es ist *ein Werden* in und aus LIEBE und FREIHEIT,
Verantwortung, Moralität, Geschwisterlichkeit, Demut, Toleranz
und der individuellen Gottverbundenheit .. als Sein Werkzeug!
Dazu müssen Wege / Strukturen praktiziert werden,
die ein destruktives Miteinander durch einen persönlichen und
gemeinsamen, spirituellen und sozialen Schulungsweg verhindern!

*Wo zwei oder drei in meinem Namen versammelt sind,
da bin JCh mitten unter ihnen.*   FK-01/2017

Zur Freiheit des Christenmenschen

weitergehen ...

Und Jesus trat zu ihnen und sprach :
Nun ist mir alle Schöpfermacht übergeben
im Himmel und auf der Erde.
Ziehet aus und seid die Lehrer aller Völker
und tauft sie
im Namen und mit der Kraft
des Vaters, des Sohnes und des Heiligen Geistes.
Und lehret sie,
sich an die Geistesziele zu halten,
die ich euch gegeben habe.
Und siehe,
JCh bin in eurer Mitte alle Tage
bis zur Vollendung der Erdenzeit.

Matt. 28/18-20   (Übersetzung Emil Bock)

Was in der Entwicklung der Christenheit
als Sehnsucht und Streben nach Laienpriestertum
immer wieder erstand
- allerdings auch immer wieder verfolgt und schließlich
zum Verschwinden gebracht wurde -,
das hat hier durch Rudolf Steiner
eine neue Keimlegung erfahren.

Maria Röschl-Lehrs, GA 265, S.42

Eine kultische Arbeit in der anthroposophischen Bewegung
muss aus dem selben geistigen Strom hervorgehen
wie die Schulhandlungen,
gewissermaßen eine *Fortsetzung* dessen,
was in Form und Inhalt
in der *Opferfeier* gegeben war.. .

René Maikowski, Brief an Gotthard Starke vom 29.8.1983 (Auszug), s.a. GA 269, S.133.

Die Zukunft der religiösen Entwicklung
liegt in der Ausgestaltung der bestehenden Religionen
zu einer großen einheitlichen Religion der Menschheit.

Anthroposophie will lediglich ein Instrument sein,
um die tiefen religiösen Wahrheiten ..
zu begreifen, zu verstehen.

Rudolf Steiner, 25.3.1907

Nehmen sie auch so etwas ^(wie die Kultushandlungen)
als einen Anfang hin,
und wissen sie, dass da, wo man in ehrlicher Weise
einen solchen Anfang will, sich schon auch die Kräfte finden
werden zur Verbesserung desjenigen, was in einem solchen
Anfange gegeben werden kann.
Es wird ihnen aber gerade an diesem Beispiel klar sein können,
wie überall eben aus dem Lebendigen heraus
das Kultusartige gesucht werden muss. ...
Etwas Prinzipielles kann es im Leben der Welt
überhaupt nicht geben, sondern es kann nur
das sich in Leben Wandelnde geben.

Rudolf Steiner, 4.10.1921, vormittags, GA 269

Voraussetzung zu all dem ist die Spiritualisierung des Denkens.
Erst davon ausgehend wird man dazu kommen können,
nach und nach alle Lebensbetätigungen zu sakramentalisieren.
Dann werden sich aus der Erkenntnis
der geistigen Wirklichkeiten heraus
auch die alten Zeremonien ändern, weil es da
wo man Wirklichkeiten hat, keiner Symbole mehr bedarf.

Hella Wiesberger, Einleitung zu GA 265

Friedrich Rittelmeyer: Ist es nicht auch möglich,
Leib und Blut Christi zu empfangen ohne Brot und Wein,
nur in der Meditation?
Rudolf Steiner: Das ist möglich.
Vom Rücken der Zunge an ist es dasselbe.   *GA 265, S.27*

Die Vorschule für die mystische Vereinigung mit dem Christus
ist das Abendmahl - die Vorschule.

Rudolf Steiner, 7.7.1909

Die Erkenntnis ist die geistige Kommunion der Menschheit.
Ich weiß nicht, wie viele die ganze kulturhistorische Bedeutung
dieses Wortes ... verstanden haben.
Denn in diesem Satze war gegeben die Hinlenkung
der materialistischen Auffassung der Gottgemeinschaft
zu einer spirituellen Auffassung der Gottgemeinschaft:
die Umwandlung des Brotes
in die Seelensubstanz des Erkennens.

Rudolf Steiner, GA 198/16

Das Gewahrwerden der Idee in der Wirklichkeit
ist die wahre Kommunion des Menschen.

Rudolf Steiner, GA 1b, Vorrede

So ist spirituelle Erkenntnis eine wirkliche Kommunion,
der Beginn eines der Menschheit der Gegenwart gemäßen
kosmischen Kultus.

Rudolf Steiner, GA 219/12, S.191

Und die soziale Tätigkeit wird eine Opferweihehandlung,
sie setzt das fort, was die alte Kultushandlung war.

Rudolf Steiner, 18.11.22, GA 218

Dann wird die Begegnung jedes Menschen mit jedem Menschen
von vornherein eine religiöse Handlung, ein Sakrament sein,
und niemand wird eine besondere Kirche,
die äußere Einrichtungen auf dem physischen Plan hat,
nötig haben, das religiöse Leben aufrechtzuerhalten.

Rudolf Steiner, 9.10.1918

Nebenher .. könne eine solche Bewegung
für religiöse Erneuerung ^(die »Christengemeinschaft«) gehen,
die ganz selbstverständlich für diejenigen,
die in die Anthroposophie hinein den Weg finden,
keine Bedeutung hat ...

Rudolf Steiner, GA 219, 30.12.1922

INITIATIVE
FÜR EIN
FREIES,
ANTHROPOSOPHISCH ✛ SAKRAMENTAL VERTIEFTES
CHRIST-SEIN
HEUTE

O werft, ihr Himmlischen, die Feuerbrände
In unser Herz, das finster, tot und kalt,
Und lasst in Flammen sinken Trennungswände
Durch eure heilsam schaffende Gewalt!

Zum Ursprung wendet wieder unsre Herzen,
So wie die Flamme uns nach oben weist.
Der Altar ist in uns, wir sind die Kerzen,
Komm, und entzünde uns, Du heiliger Geist!

Hermann Fackler

ANLAGE
ARBEITSMATERIAL ZUR KULTUS-FRAGE

Angaben zu den Sakramenten

TAUFE - Empfangskultus
Wilhelm Ruhtenberg erhielt 1921 von Rudolf Steiner
das Sakrament der Taufe. *Siehe GA 265 (1987), S. 36.*
Danach bekam *auch* die Kirche »Die Christengemeinschaft« diesen Text.
TEXT s.a. GA 343 (1993), 5.10.1921, vormittags, S. 373-377.
Siehe auch Bearbeitung IfcAG, für eine ERWACHSENEN-TAUFE
im Kultushandbuch.

Sonntagshandlung für die Kinder
Die erste Sonntagshandlung für die Kinder des freien christlichen
Religionsunterrichtes wurde am 1.2.1920 in der Stuttgarter Waldorf-
schule gefeiert. Danach bekam *auch* die Kirche »Die Christengemein-
schaft« diesen Text.
*TEXT s.a. GA 343 (1993), 4.10.1921, vormittags, S. 315-319 und
GA 269 (1997), S. 42-44.*

Weihnachtshandlung
*TEXT s.a. GA 269 (1997), S. 47-51, & 4.10.1921, GA 343 (1993),
S. 320-323.*

Einschub für die Sonntagshandlung zu Pfingsten
TEXT s.a. GA 269 (1997), S. 45-46.

JUGENDFEIER Konfirmation
wurde erstmalig Palmsonntag 1921 in der Stuttgarter Waldorfschule
gehalten. Danach bekam *auch* »Die Christengemeinschaft« diesen Text.
*TEXT s.a. GA 343 (1993), 4.10.1921, vormittags, S. 324-327, s.a. GA 269
(1997), S. 53-61.*

OPFERFEIER - Zentralsakrament (Messe)
Die Opferfeier fand erstmalig am 25.3.1923 in der Stuttgarter
Waldorfschule für die Schüler ab Klasse 9/10 statt.
Überkonfesssionell »vollziehbar für Menschen, die sie wünschen.«
TEXT s.a. GA 269 (1997), S. 63-79.
Siehe auch Bearbeitung für einen Einschub zu Gründonnerstag
und für eine Totengedenkhandlung: IfcAG, 2008, Kultushandbuch.

LEBENSSCHAU   Beichte

Dieses Sakrament findet sich in den »Kursen über christlich-religiöses Wirken«. *TEXT s.a. GA 344 (1994), 20.9.1922, vormittags, S. 188.*

Sterberitualien :
HEILIGE ÖLUNG

Auch dieses Sakrament findet sich erst 1922 in :
TEXT s.a. GA 344 (1994), 21.9.1922, S. 214-217
(Zur Letzten/Heiligen Ölung gehört zuvor die Lebensschau und danach die Opferfeier, bzw. daraus zumindestens die Kommunion.)

Aussegnung / Bestattung

Dieses Ritual vollzog Hugo Schuster erstmals am 14.1.1919 am Grabe von Marie Leyh auf dem Arlesheimer Friedhof. Steiner sprach dabei die Gedächtnisworte *(GA 261, 1984, S. 225), GA 342, 1993, S. 250.*
Danach bekam *auch* »Die Christengemeinschaft« diesen Text.
TEXT s.a. GA 343, 1993, 8.10.1921, vormittags, S. 520-523.

Kinderbegräbnis

Erst später im März 1923 in den »Vorträgen und Kursen über christlich-religiöses Wirken« vermittelt. *TEXT s.a. GA 345, 1994, S. 128-141.*

Totenhandlung

Einschub, im März 1923 in den »Vorträgen und Kurse über christlich-religiöses Wirken« in Stuttgart vermittelt. *TEXT s.a. GA 345, 1994, S. 142-145.*

WEIHE   Sakrament der Verbindung / Erwachsenen-Taufe

Eine institutionalisierte "Priester-Weihe"-Liturgie sah Rudolf Steiner nur noch für die "Kirchen"-Form der »Christengemeinschaft« vor; diese findet sich in den »Vorträgen und Kurse über christlich-religiöses Wirken«, 1922.
TEXT s.a. GA 344, 1994, 13.9.1922, nachmittags, S. 97-102.
Siehe Kultus-Handbuch zur Frage der Weihe als »Erwachsenen-Taufe«.

TRAUUNG

Wilhelm Ruhtenberg erhielt im Frühjahr 1922 von Rudolf Steiner das Sakrament der Trauung. *Siehe GA 345, S. 73 und auch GA 265, S. 36.*
Danach bekam *auch* »Die Christengemeinschaft« diesen Text.
TEXT s.a. GA 345, 1994, S. 146-157.
Siehe auch Aktualisierungsvorschläge IfcAG, 2003, Kultushandbuch.

In den hier angeführten
»Vorträgen und Kursen über christlich-religiöses Wirken« (GA 342 - 346)
stellt Rudolf Steiner - aufgrund von Fragen - die Gründungsimpulse und esoterischen Hintergründe für eine neue Kirche - als erneuernde Kraft zwischen den beiden traditionellen - dar. Diese Aufgabe verfehlte die »Christengemeinschaft«.

Seitdem verweigert »Die Christengemeinschaft« ihren Mitgliedern und der Öffentlichkeit die Kenntnisnahme dieser Vorträge, da deren Inhalte nur für deren Priester gegeben worden seien - und tituliert sie deshalb als "Priesterkurse".

Diese bevormundende Einstellung gründet im "Zwei-Stände-Prinzip" der »Christengemeinschaft«, in dem dem Priester alle, dem »Laien« nur bestimmte Rechte / Möglichkeiten / Fähigkeiten zugestanden werden.

Die Rechteinhaberin »Rudolf Steiner-Nachlassverwaltung« verneint das und hat alle (diese) Vorträge/Kurse Steiners veröffentlicht.

Denn es waren ja keineswegs Vorträge *nur* für die Interessenten (ja sowieso noch keine "Priester"!) der »Christengemeinschaft«, sondern es nahmen ebenso auch Religionslehrer des freien christlichen Religionsunterrichtes in der Freien Waldorfschule, Vorstandsmitglieder der Anthroposophischen Gesellschaft, sowie verschiedentlich weitere Anthroposophen daran teil; und nur ein Teil der damals anwesenden Interessenten / Theologen wurden dann auch Priester der »Christengemeinschaft«. *(Siehe GA 343, S. 647-648.)*

ALLE freie christliche Kultustexte / Sakramente
finden Sie im Kultus-Handbuch :

DIE SAKRAMENTE
in der freien christlichen Fassung Rudolf Steiners heute

Verschiedene Ausgaben! Siehe folgende Literaturhinweise !

FORUM KULTUS
ARBEITSMATERIAL ZUR KULTUS-FRAGE

LITERATURHINWEISE 12/2016

Sie erhalten das Werk Rudolf Steiners in jeder Buchhandlung vom
RUDOLF STEINER VERLAG
Im Ackermannshof - St. Johanns-Vorstadt 19/21, CH- 4056 Basel
Tel.: 0041 61 7069130 / Fax: 0041 61 7069149
Email: verlag@steinerverlag.com / Internet: www.steinerverlag.com

VERLAG FREIES GEISTESLEBEN - URACHHAUS
Tel.: 0049 711 2853200 / Fax: 0049 711 2853210
Email: info@geistesleben.com / Internet: www.geistesleben.com

Wissenschaftliche Recherche und Archiv:
Rudolf Steiner-Nachlassverwaltung
RUDOLF STEINER ARCHIV
Rüttiweg 15, CH-4143 Dornach 1
Tel.: 0041 61 7068210 / Fax: 0041 61 7068220
Email: archiv@rudolf-steiner.com / Internet: www.rudolf-steiner.com

FORUM KULTUS
BoD-Verlag, www.bod.de / Pro3-Verlag, www.pro3-verlag.de
Tel./AB/Fax: 0049 3212 1466232
Email: post@forum-kultus.de / Internet: www.forum-kultus.de

Im **INTERNET**
www.goetheanum.org / www.anthroposophische-gesellschaft.org
www.medienstelle-anthroposophie.de / www.anthrowiki.at

ZUR KULTUS-FRAGE
AUS DER ANTHROPOSOPHIE

ZUR RELIGIÖSEN ERZIEHUNG
WORTLAUTE RUDOLF STEINERS
ALS ARBEITSMATERIAL FÜR WALDORFPÄDAGOGEN
INFO3-Shop – Edition Waldorf, www.shop.info3.de

Umfangreichste Sammlung mit Angaben Steiners, insbesondere für den freien christlichen Religionsunterricht, dem Lehrplan, die Praxis und den Handlungen.

RITUALTEXTE für die Feiern des freien christlichen Religionsunterrichtes
und das Spruchgut für Lehrer und Schüler der Waldorfschule
Rudolf Steiner, Rudolf Steiner-Verlag, CH-4143 Dornach, GA 269
Hier finden sich u. a. die Kultustexte der Opferfeier, Taufe, Trauung, Bestattung, etc., teils aber nur als Faksimile.

PERIKOPENBUCH
Hrsg. Helmut von Kügelgen, INFO3-Shop – Edition Waldorf, www.shop.info3.de, ISBN 978-3-94060659-4
Die Stellen für jede Woche des Jahres aus dem Evangelium für die freien christlichen Handlungen, wie sie von Steiner angegeben wurden.

BAUSTEINE FÜR EINEN SOZIALEN SAKRAMENTALISMUS
Dieter Brüll, Verlag am Goetheanum, CH-4143 Dornach,
ISBN 3-72350777-8
Impulse für die Zukunft, Kultus der Zukunft. Die Sakramente werden Alltags-Leben, konzentriert in sieben soziale Kultusgesten.

GESPRÄCH ALS KULTUS
Christlicher Einweihungsweg, Wiederkunft, Bruderschaft
Gerhard von Beckerath, Verlag am Goetheanum, CH-4143 Dornach,
ISBN 3-72351238-0

DER ANTHROPOSOPHISCHE SOZIALIMPULS
Dieter Brüll, Verlag für Anthroposophie, CH-4143 Dornach,
ISBN 978-3-03769039-0

ANTHROPOSOPHISCHE GEMEINSCHAFTSBILDUNG
Rudolf Steiner, Rudolf Steiner-Verlag, CH-4143 Dornach, GA 257

UND WÄRE ER NICHT AUFERSTANDEN
Judith von Halle, Verlag für Anthroposophie, CH-4143 Dornach,
ISBN 978-3-03769001-7
Einführung und Grundlagen, sowie zur Stigmatisation.
Anthroposophie und Christologie.
Siehe weitere Werke! : Verlag für Anthroposophie, www.v-f-a.ch !

DIE SIEBEN SUBSTANZEN DER SAKRAMENTE
Volker Harlan, Verlag Urachhaus, ISBN 3-82517638-9

FORUM KULTUS

DIE SAKRAMENTE 👍
in der freien christlichen Fassung Rudolf Steiners heute
Alle Sakraments-Texte Rudolf Steiners für eine freie christliche Handhabung.

KULTUS-HANDBUCH, in verschiedenen Ausführungen :

→ Leinen DIN A6, 350 S.,   → auch mit Goldschnitt *(extra anfragen!)*,
ISBN-10: 3-00007899-1, ISBN-13: 978-3-00007899-6

→ Hardcover, (12x19cm), 384 S., BoD-Verlag, ISBN 978-3-73224764-6

→ gekürzte Liturgie-Ausgabe, Leinen, DIN A5, 208 S.

→ PDF-Datei auf CD.   Pro-3-Verlag, Post@Forum-Kultus.de

FREI + CHRISTLICH
DER FREIE CHRISTLICHE IMPULS RUDOLF STEINERS HEUTE

BoD-Verlag, Paperback, 152 S., ISBN 978-3-73225521-4

Das Ihnen hier vorliegende Buch.

DIE SAKRAMENTE - FREI + CHRISTLICH 👍
NACHKIRCHLICHES CHRIST-SEIN
Der freie christliche Impuls Rudolf Steiners heute

BoD-Verlag, Paperback, 294 S., ISBN 978-3-74600932-2

Ausführliches Info-Buch, Inhalt siehe S. 95 !

FREI + CHRISTLICH
DER FREIE CHRISTLICHE IMPULS HEUTE
UND DIE SAKRAMENTE
IN DER FASSUNG RUDOLF STEINERS

BoD-Verlag, Paperback, ca. 600 S., ISBN 978-3-73224464-5
Info- UND Kultushandbuch = alles in einem Buch !
In Neuauflage begriffen.

FREI + CHRISTLICH - EINE SKIZZE

BoD-Verlag, Paperback, 40 S., ISBN 978-3-73224153-8
Kurzfassung des freien christlichen Impulses heute
in Stichworten!, Hypothesen, Leitsterne.

ANTHROPOSOPHIE UND KIRCHE
Die Stellung der »Christengemeinschaft« zur anthroposophischen Bewegung
Rudolf Steiner, Vortrag vom 30.12.1922 (GA 219),
mit einem Anhang weiterer Aussagen.

BoD-Verlag, Paperback, 52 S., ISBN 978-3-84235544-6

EIN BREVIER 👆
für einen anthroposophischen, freien christlichen Schulungs-Weg

Mantren, Sprüche, Texte Rudolf Steiners

→ BoD-Verlag, Hardcover, 272 S., ISBN 978-3-84480744-8

→ In edler Leinenausgabe, DIN A6, 240 S. (auch mit Goldschnitt), erhältlich beim Förderkreis.

Aus dem anthroposophischen Schulungsweg:
Mantren, Sprüche, Übungswege Steiners, u. a. für die Tage, Wochen, Monate.

DIE PERIKOPEN in interlinearer Übersetzung
(= altgriechisch-deutsch / deutsch) *In der Ordnung wie für die »freien christlichen« Handlungen durch Rudolf Steiner vorgesehen.*
In Bearbeitung (geplant für 2019), Anfragen an den Förderkreis.

DIE OPFERFEIER
für die freie christliche Handlung

BoD-Verlag, Paperback, 76 S., ISBN 978-3-84237414-0
Der Text der Handlung und Hinweise und Erläuterungen.

DIE OPFERFEIER - Liturgieausgabe
BoD-Verlag, Hardcover, 48 S., ISBN 978-3-84481587-0
Nur der Text der Handlung, größere Schrift, DIN A5.

DIE BESTATTUNG - frei + christlich 👆
Die TEXTE der Sakramente in der Fassung Rudolf Steiners
und Hinweise für ein Handeln nach dem Tod

BoD-Verlag, Hardcover, 188 S., ISBN 978-3-73475233-9

STIRB + WERDE - Die Karwoche
Emil Bock, Privater Sonderdruck des Förderkreises; auf Anfrage.

DIE MENSCHENWEIHEHANDLUNG
der »Christengemeinschaft«

in der Reihe: Die Kultus-Texte christlicher Kirchen/Gemeinschaften
BoD-Verlag, 56 S., ISBN 978-3-84237051-7
Weitere Kirchen/Gemeinschaften: vergriffen, ggf. bitte anfragen.

DIE APOKALYPSE
aus anthroposophischer Sicht
Rudolf Steiner, BoD-Verlag, 644 S., ISBN 978-3-84237339-6
Alle Zyklen Rudolf Steiners zur Apokalypse in einem Buch.

GEMEINSCHAFT BAUEN
Karl Königs Camphill-Impuls - Die drei Leitsterne
Karl König, Privater Sonderdruck des Förderkreises; auf Anfrage.
*Vergriffene Grundlegung des Impulses Karl Königs
für einen »Orden der Barmherzigkeit«, angeknüpft an das »ora et lege
et labora«, anthroposophisch vertieft.*

HINWEIS
auf (für unsere Arbeit verwendet) :

DAS NEUE TESTAMENT -
Interlinearübersetzung Griechisch-Deutsch
Ernst Dietzfelbinger, Nestle-Aland, Hänssler-Verlag, ISBN 3-77510998-6

BÜCHERLISTE – Forum Kultus
4 S., DIN A5, beidseitig auf A4
Kostenlos vom Förderkreis Forum Kultus.

**Alle Bücher mit ISBN-Nummer
erhalten Sie über Ihre Buchhandlung!**

Zu Ihrer Orientierung

Der INHALT des <u>Kultushandbuches</u> »Die Sakramente...« *

Wo zwei oder drei ... / Die heilende Arznei: das Sakrament
»Gehet hin...« Nur mit Weihe ?

Die Texte :

Zu den Texten
Das Sakrament der Taufe
Fragen an eine freie christliche Taufe
Weitere Gesichtspunkte - Die Taufe an Geyer
Zur Not-Taufe / Zur Erwachsenen-Taufe

Die Sonntagshandlung für die Kinder
Die Weihnachtshandlung / Einschiebung zur Pfingsthandlung

Das Sakrament der Jugendfeier (Konfirmation)

Das Sakrament der Opferfeier
Opferfeier-Kreis

Das Sakrament der Lebensschau (Beichte)
Zur Lebensschau

Der Sterbekultus :
Das Sakrament der Letzten Ölung
Die Aussegnung / Das Begräbnis
Das Kinder-Begräbnis / Einschub für eine Toten-Handlung
Zur Urnen-Beisetzung / Sprüche

Zum Sakrament der Weihe
Dokumentation der kirchlichen Priester-Weihe
Die Weihe als ein »Sakrament engagierter Gemeinschaft«

Das Sakrament der Trauung
Aktuelle Fragen

Weitere Texte und Hinweise :
Das Evangelium für die festeslose Zeit / Der Grundstein
Die Perikopen und Festzeiten des Jahres
Zur Weihe der Substanzen / Hinweise für die sakramentale Praxis
Opferfeier-Kreis / Hinweise zum Handeln im Umkreis des Sterbekultus

Schale ERbilden - zum Schulungsweg
Christen-Gemeinschaft! / Gemeinschaft bauen - Gemeinschaft Freier Christen
letztlich

Anhang :
Angaben zu den Sakramenten / Personenregister
Zum Verhältnis von Anthroposophie und »Christengemeinschaft«
Literaturliste / Abkürzungen / Adressen

* *Stand: momentan aktuelle Auflage Pfingsten 2008*

INHALT des - ausführlichen - **Infobuches**

Liebe LeserInnen   *Ausgabe 2017, 248 S.*
Ein pfingstlicher Impuls
Vom Sinn des Kultischen
Freiheit
Warum Sakramente

ZUR FREIHEIT DES CHRISTENMENSCHEN
(Gleicher Text wie hier im Kurz-Info!)

Spotlight *auf spezielle Themen*

Schulungs-Weg
  Grundlagen Schulungsweg
  Der Grundstein
  Der Jahreskreislauf
Opferfeier
Zur Weihe
Litgurische Kompetenz
  Gottesdienst überall
Kultus-Trage-Gemeinschaft
  Die Meditation des Kreises
Christen-Gemeinschaft bauen
  Werkzeuge gelebter Liebe
  Ökumene
Forum Kultus - Quantität oder Qualität?
  Leitsterne
Aus dem Lebendigen heraus
Was kann ich tun
weitergehen
FAZIT
  Kernsätze
  Englische Zusammenfassung: Nobody need

Anlage

Zur Opferfeier - Maria Röschl-Lehrs
Sieben Sakramente - Rudolf Steiner
Zum Verhältnis von AG und CG - Rudolf Steiner
Die freien christlichen SAKRAMENTS-TEXTE
  Angaben zu den Sakramenten
Literaturhinweise / Infos / Adresse

Arbeitsmaterial zur Kultus-Frage

Abkürzungen

AG = Anthroposophische Gesellschaft
CG = Die Kirche »Die Christengemeinschaft«
FK = Forum Kultus
FK-01/2017 = mitgetragen / autorisiert vom »Forum Kultus«
    - hier z.B. im Jan.2017
GA = Nummer der Rudolf Steiner-Gesamtausgabe im Rudolf Steiner-Verlag
IfcAG = Initiative, freie christliche Arbeits-Gemeinschaft
Info-Buch = Das hier vorliegende Informationbuch
MWH = Menschenweihehandlung (Messe/Eucharistie) der CG
R.St. = Rudolf Steiner
VDL = (in Fußnoten: Anmerkung von) Volker David Lambertz

Zur Zitation

Die hier in » « *Anführungszeichen gesetzten Stellen sind Zitate*
(in der Regel von Rudolf Steiner), bzw. offizielle Begriffe/Namen,
Zitate innerhalb von Zitaten sind mit > < ,
Hervorhebungen innerhalb von Zitaten mit ' ' *gekennzeichnet;*
während " " *den Begriff pointiert und ihn zu hinterfragen meint.*

Quellen

Um dieses Info-Buch und vor allem die »Zusammenfassung« nicht noch weiter aufzublasen,
sind nicht ALLE Zitate / Begriffe in den Fußnoten belegt / erklärt.
Bitte melden Sie sich, wenn Sie für bestimmte Details die Quellenangaben benötigen. VDL

frei + christlich

INTERNET

Siehe ausführliche Informationen auch auf unseren Websites :
www.Forum-Kultus.de
www.Freie-christliche-AG.de

Zur Anthroposophie :
www.goetheanum.org / **www.anthroposophische-gesellschaft.org**

Und für die Arbeit *außerhalb* der anthroposophischen Scene :

- von V.D.Lambertz als überkonfessioneller »Freier Theologe« :
www.Freie-Christen.info

Wenn Sie Liturgen außerhalb der anthroposophischen Scene suchen :
www.Freie-Theologen.de
oder googeln Sie einfach nach »Freie Theologen« ;-)

Und wenn morgen
die Welt unterginge,
so pflanze
ich
heute noch
mein Apfelbäumchen!

Lt. Martin Luther

Von nichts .. kommt nichts ...

Liebe LeserInnen, liebe FreundInnen!

Werde ich für eine sakramentale Handlung gefragt,
möchte ich dafür *prinzipiell* - auch weiterhin - keine Bezahlung!
Auch ich bin nur der dankbar Empfangende, Beschenkte ...
denn ER ist ja der Gebende!
Gerade im sakramentalen Bereich soll der ansonsten alles
beherrschende und zerstörende Mammon keinen Zugriff haben!

Aber .. alles kostet trotzdem ....
das haben wir bisher meist privat bezahlt ... ...
Diese Quelle ist zwar eine idealistische, aber nicht realistische...

Unsere persönliche Hilfe ist grundsätzlich ehrenamtlich,
die allgemeinen Sachkosten aber suchen noch mehrere Schultern...

Helft deshalb, dass dieser Impuls
nicht an mangelnden Finanzen verdurstet, verschwindet!

Wie wäre es mitzutragen z.B. an den Kosten einer Anzeige
(z.B. im »Goetheanum« oder in »Info-3«) / einer Patenschaft,
um auf diesen Impuls aufmerksam zu machen .... ??

Lass uns nicht damit alleine ... !
Wir alleine... schaffen das nicht ...

Spendenkonto

Förderkreis für anthroposophisch kommunitäre Sozial-Entwicklung e.V.
Förderkreis, Volksbank Stockach
IBAN: DE66 6906 1800 0047 0824 20 - BIC: GENODE61UBE

Sie können auch eine Spendenbescheinigung erhalten
(..das ggf. mit Ihrer vollen Adresse kundtun)!

Herzlichsten Dank!
Ihr Forum Kultus

Dem Vergangenen: Dank!
Dem Kommenden: Ja!

Dag Hammarskjöld

Die Freiheit des Christenmenschen,

der »Ethische Individualismus«
beinhaltet auch im »Forum Freier Christen«, so auch im »Forum Kultus«
die Freiheit aus der eigenen, individuellen, eben »moralischen Intuition«
heraus zu handeln und somit auch entsprechend zu publizieren.

Deshalb können prinzipiell alle Veröffentlichungen - auch hier -
nur als die Meinung des jeweiligen Autors angesehen werden!
Inhalte, die ein bestimmter Kreis trägt,
sind mit dessen Name und Datum (z.B. FK-01/2017) gekennzeichnet.

Herausgabe des Arbeitsmaterials zur Kultus-Frage
im Auftrag des Forum Kultus

Volker David Lambertz

Aus den Quellen der Befreiungstheologie und Anthroposophie - 'Kampf + Kontemplation'.
Hauptamtlich leitend tätig in der Friedensbewegung (DFG-VK); Gründungsmitglied der 'Grünen';
nun bei den 'Linken', sowie der 'Christlichen Linken'; aktiv in der Ökumene: in / für 'Taizé',
der 'Kirche von unten', des 'Ökumenischen Rates der Kirchen'; Hospizkonzept der Gemeinschaft
'Arche' aus den Urimpulsen Karl Königs 'Camphill'; Mitwirken in der 'Gewaltfreien Kommunikation';
versch. Funktionen in der 'Freien Waldorfschule' und 'Anthroposophischen Gesellschaft'
(ehemals Zweigverantwortlicher, sowie Lektor der 'Freien Hochschule für Geisteswissenschaft').
Bürokaufmann, Altenpfleger, Priesterseminar, Dipl.-Päd., Betriebspsychologie FH, Dr. phil. .
Verheiratet, 4 Töchter. Dreimal an der Schwelle des Todes .. gesundheitlich angeschlagen...
Initiator des 'Forum Kultus' und 'Geomantie Helgo-Land'. Aktuell tätig als 'Freier Theologe'
(überkonfessionell / anthroposophisch) und für das 'Forum Freier Christen' / 'Forum Kultus'.
Internet siehe: www.Forum-Kultus.de / www.Freie-Christen.info / www.Hillig-Lunn.info .

ARBEITSMATERIAL ZUR KULTUS-FRAGE

forum kultus

INITIATIVE
FÜR EIN
FREIES,
ANTHROPOSOPHISCH + SAKRAMENTAL VERTIEFTES
CHRIST-SEIN HEUTE

im

Förderkreis Netzwerk FORUM FREIER CHRISTEN
ViSdP.: Volker David Lambertz
Herrensteig 18, D- 78333 Wahlwies (Stockach - Bodensee)

Tel./ AB & Fax: 0049 (0)3212 1466232
Kontakt möglichst über EMail: Post@Forum-Kultus.de
Internet: www.Forum-Kultus.de

Spendenkonto:
Förderkreis für anthroposophisch kommunitäre Sozial-Entwicklung e.V.
Förderkreis, Volksbank Stockach
IBAN: DE66 6906 1800 0047 0824 20
BIC: GENODE61UBE

Sie erhalten unsere Bücher (mit ISBN) über den Buchhandel,
oder den BoD-Verlag, In de Tarpen 42, D- 22848 Norderstedt
Internet: www.bod.de/bod-shop.html
ansonsten direkt bei uns.

Falls ggf. irgendwelche Urheberrechtsverletzungen vorliegen sollten ...
Das ist keine Absicht (ehrenamtliche Nachtarbeit...!) ;
sehen Sie es als Wertschätzung Ihrer Inhalte
und berücksichtigen Sie die gemeinnützigen, idealistischen Ziele dieses Arbeitskreises,
der um Ihre großzügige, ggf. stillschweigende Zustimmung bittet !

Sollte ich in diesem Info-Buch
irgendjemand - unbeabsichtigt! - verletzt oder etwas falsch vorgebracht haben,
geben Sie mir Bescheid, damit ich es korrigieren kann! Und ggf.: Entschuldigung ... !

Volker David Lambertz - Michaeli 2017

Notizen

Forum Kultus

Notizen

Forum Kultus

Non nobis Domine, non nobis, sed nomini tuo da gloriam.